"中国劳模"系列丛书

汽车生产线上的"魔术师"：
金涛

涂媛媛 / 著

吉林出版集团股份有限公司
全国百佳图书出版单位

图书在版编目（CIP）数据

汽车生产线上的"魔术师"：金涛 / 涂媛媛著. --
长春：吉林出版集团股份有限公司，2023.4
（"中国劳模"系列丛书）
ISBN 978-7-5731-3084-6

Ⅰ.①汽… Ⅱ.①涂… Ⅲ.①金涛－传记 Ⅳ.
①K826.16

中国国家版本馆CIP数据核字(2023)第039603号

QICHE SHENGCHANXIAN SHANG DE "MOSHUSHI"：JIN TAO

汽车生产线上的"魔术师"：金涛

著　　者	涂媛媛	
组稿统筹	东北师范大学文学院创意写作研究中心	
撰写指导	余　弓	
责任编辑	宫志伟　　李　鑫	
装帧设计	李　鑫	

出　　版	吉林出版集团股份有限公司
发　　行	吉林出版集团社科图书有限公司
地　　址	吉林省长春市南关区福祉大路5788号　邮编：130118
印　　刷	唐山富达印务有限公司
电　　话	0431-81629711（总编办）
抖 音 号	吉林出版集团社科图书有限公司　37009026326

开　　本	710mm×1000 mm　1／16
印　　张	9
字　　数	92 千字
版　　次	2023 年 4 月第 1 版
印　　次	2023 年 4 月第 1 次印刷

书　　号	ISBN 978-7-5731-3084-6
定　　价	45.00 元

如有印装质量问题，请与市场营销中心联系调换。0431-81629729

序 言

　　劳动创造财富，劳动创造幸福，劳动创造未来。习近平总书记在2020年全国劳动模范和先进工作者表彰大会上的讲话中指出："全社会要崇尚劳动、见贤思齐，加大对劳动模范和先进工作者的宣传力度，讲好劳模故事、讲好劳动故事、讲好工匠故事，弘扬劳动最光荣、劳动最崇高、劳动最伟大、劳动最美丽的社会风尚。"当今世界，综合国力的竞争归根到底是科技人才和高素质劳动者的竞争。改革开放以来，我们强大的工人队伍用辛勤劳动和拼搏奉献推动中国制造、中国智造、中国创造走向世界的前列，新时代的中国面貌日新月异。大力弘扬劳模精神、劳动精神、工匠精神，加强高素质技能人才队伍建设，打造一支宏大的知识型、技能型、创新型劳动者队伍是伟大时代赋予我们的历史责任。

　　劳动模范是民族的精英、人民的楷模，是共和国的功臣。自改革开放以来，广大职工勇立改革潮头，独立自主，奋发图强，勇于创新，其中涌现出一批批全国劳模和大国工匠，他们参与建设了代表中国高度、中国速度、中国深度的一系列重大工程，提升了国家实力，打造了"中国名片"，树立了"中国品牌"，增添了"中国力量"，充分释放出工人阶级的创新活力，展示出大国工匠强大的创造能力。他们以工人阶级的满腔热忱在各自平凡的工作岗位上创造了辉煌的业绩，书写了新时代的壮丽篇章。

爱岗敬业、争创一流、艰苦奋斗、勇于创新、淡泊名利、甘于奉献的劳模精神，崇尚劳动、热爱劳动、辛勤劳动、诚实劳动的劳动精神和执着专注、精益求精、一丝不苟、追求卓越的工匠精神，是广大劳动群众在社会生产实践中锤炼形成的弥足珍贵的精神财富，是工人阶级伟大品格的具体体现，是民族精神和时代精神的生动体现。民族复兴需要劳动模范，祖国强盛需要大国工匠，中国制造、中国智造、中国创造更需要大国工匠的强有力支撑。劳模、工匠等的成长故事、先进事迹中承载的劳模精神、劳动精神和工匠精神，是激励全国各族人民团结奋斗、勇往直前的强大精神力量。

"中国劳模"系列丛书，采用图文结合的方式，讲述全国劳模、大国工匠和先进工作者的成长经历及他们追梦、筑梦、圆梦的故事，用他们在平凡岗位上创造不平凡业绩的真实故事感染读者，形成劳动最光荣、劳动最崇高、劳动最伟大、劳动最美丽的社会风尚，引导广大技术工人和青少年形成劳动光荣、技能宝贵、创造伟大的观念。

"匠心筑梦，强国有我。"新时代是万象更新、生机勃勃的时代，也是一个继往开来、创新创业和建功立业的大时代。希望广大读者能以劳动模范为楷模，以大国工匠为榜样，立志技能报国、技术强国，踔厉奋发，勇毅前行，锤炼思想品格，汲取劳动智慧，勇于担当、勤于钻研、甘于奉献，为推进新型工业化和乡村振兴，加快建设制造强国、质量强国、航天强国、交通强国、网络强国、数字中国、农业强国，为全面建设社会主义现代化国家贡献青春力量。

中华全国总工会副主席（兼）

中国航天科技集团有限公司第一研究院

211厂14车间高凤林班组组长

2022年11月

传主简介

　　金涛，回族，1980年8月生，吉林长春人，中共党员，大学本科学历，2000年1月参加工作。一汽–大众汽车有限公司高级技师，现任一汽–大众长春生产整车制造一部焊装一车间维修工段工长。全国劳动模范，中国共产党第十八次全国代表大会代表。

　　金涛参加工作后勤学苦练，不断创新，攻克了多项重大技术难题，他因此被誉为汽车生产线上的"魔术师"。他积极发挥高层次技能人才的引领作用，创建了金涛劳模创新工作室。

　　2010年9月11日，金涛改良的"激光钎焊质量优化工艺"在全国第十九届发明展览会上荣获金奖，并同时荣获发明者协会国际联合会（IFIA）颁发的"最佳创新发明奖"。

2012年，被授予全国五一劳动奖章。

2016年，荣获长春市职工优秀技术创新成果奖。

2020年11月，被授予"全国劳动模范"荣誉称号。

2022年5月3日，被评为第四届"吉林工匠"。

金涛领衔的劳模创新工作室创建于2013年，2016年被评为国家级技能大师工作室。工作室的骨干成员共获得90余项荣誉，其中包括国家级奖项23项、省部级奖项32项、发明型专利1项、实用新型专利6项，并多次获得全国发明展览会金奖、银奖、铜奖。

目前，由金涛劳模创新工作室发展而来的"金涛技能大师工作室群"，已拥有1个国家级工作室和3个一汽集团级工作室。各个工作室相互联动，为掌握核心技术、促进技术应用升级开启了全新模式，取得了一系列新成果、新突破。

目 录
CONTENTS

 第一章 敲敲打打的童年

出生第一天就坐上了汽车

1980年8月20日，这一天阳光灿烂，微风习习，虽然夏天的暑热还未消散，但是也能感受到一丝秋天的凉意。长春市伊通河畔的一排红砖小平房前驶来一辆北京212吉普车，金凤国和戴桂珍带着他们刚刚出生的儿子回到了家。太姥爷带着家里的五口人在门口翘首以盼，等待着家族第四代的第一个男丁来到这个家庭。汽车的引擎声和婴儿隐约的啼哭声让太姥爷精神一振，赶忙快步走上前迎接，左脚绊右脚差点儿摔了一跤。一瞬间，欢笑声、喧闹声弥漫在平房四周。

一间半的平房里，祖孙三代围着这个7斤多重的大胖小子，高兴不已，商量着要给孩子起个响亮的名字。金凤国查《篇海类编》中有言"涛，海中大波，亦曰潮头"。金凤国希望这个孩子未来能够勇立在时代的潮头，就给孩子取名叫金涛。小金涛出生第一天就坐上了汽车，这是当时很多跟他同龄的孩子享受不到的"特殊待遇"，也许是命运的安排，此后在小金涛成长的岁月里，"汽车"二字将与他结下一辈子的缘分。

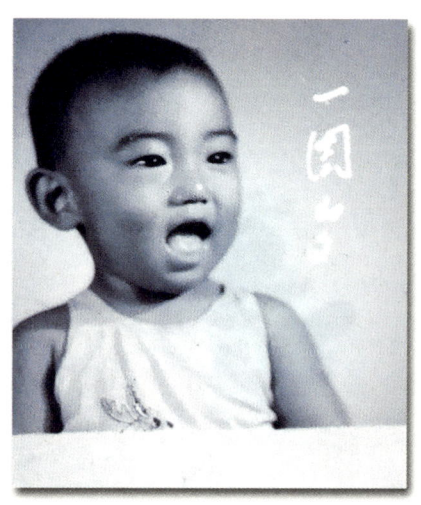

⊙ 1981年8月，金涛1周岁生日照

扎根于汽车产业的爸爸妈妈

20世纪70年代初，金涛的父亲金凤国响应国家号召，成为被分配到一汽工厂工作的青年知识分子之一。作为中国早期有知识、有文化、受过高等教育的劳动者，他将学校里勤于思考、善于学习、勇于创新的作风带到了工作岗位上。金凤国发现，老师讲的课本里的内容和他在工厂看到的内容有很大不同，空有一肚子墨水，根本派不上用场。他开始把在学校里学到的专业知识和工厂里的实际劳动生产相结合，大搞工艺改进和技术革新，并把革新成果不断运用在自己的岗位上。因此，超额完成工作任务对于金凤国来说就是家常便饭。

此外，金凤国还特别喜欢钻研，只要一有时间就琢磨那些"小"东西，每年都会研究出十几项"小发明""小创造"，例如：自动夹具、专用工具、新工作方法等。这些成果极大地提高了工人们的生产效率，为一汽工厂提质增效做出很多贡献。由于在工作上的突出表现，20岁的他光荣地加入了中国共产党，还当上了团支部书记，带领青年人一起努力工作。

金凤国在一汽工厂的一线工作岗位上坚守了四十多年，当过钳工、电工、铣工、磨工等，也当过团支书、工长、生产调度，还在技工学校里当过老师。一汽当时很多刚刚入职的年轻人都是在他的指导下慢慢开始上手工作的。金凤国教他们技术，为他们解惑，将自己几十年来总结下来的宝贵经验毫无保留地分享给他们，这也让金凤国得到了全厂职工的尊重与敬佩。

金涛的母亲戴桂珍也是一汽的职工，金涛很小的时候便经常跟着爸爸妈妈在工厂里玩。一汽厂区很大，小金涛总是找不到回去的路，常常拉着厂区里的叔叔或阿姨，请求他们带自己回去。他嘴甜，长得又可爱，大家都很喜欢他。时间一长，小金涛不仅认识了工厂里的路，也认识了工厂里很多的叔叔阿姨。

小金涛喜欢缠着爸爸妈妈给他讲故事。爸爸妈妈知道的故事不多，没有多长时间就全讲完了。于是，他们就经常给小金涛讲汽车厂的那些事儿。尤其是1956年我国第一辆解放卡车开下生产线的故事。这批由我国自己制造生产的汽车，行驶在长春市最宽广的马路上，当时还年幼的他们被抱起来、架在脖子上，看那辆绿色的方头卡车。爸爸妈妈都说，那是他们见过最美、最高大的汽车。当这批"解放牌"4吨载重汽车披红挂彩地开下生产线，在中国的道路上纵横驰骋时，中国人不能制造汽车的历史消失在滚滚车轮卷起的烟尘之中。每当说到这里，爸爸妈妈总是眉飞色舞，兴奋和自豪溢于言表。

虽然没有华丽的词藻，但是父母的神情、动作至今都令金涛记忆犹新。在很小的时候，金涛就知道，中国汽车工业正是诞生在一汽这个红色工厂中，它从无到有，创造了很多个"第一"。走进"一号门"后看到的那片不算高也不算大的厂房，承载了全国人民对中国制造业的希望。在那个吃不饱饭的年代，"一汽人"在一片荒原上边建设边生产。1956年，"解放"牌CA10汽车在这里诞生，中国汽车工业开始了自主制造、生产的新纪元。

⊙ 1985年10月，金涛在东方照相馆拍照

金涛记得，幼时有很长一段时间爸爸妈妈都特别忙。妈妈很长时间没有给他讲故事了，天天都是爷爷奶奶陪着他，只有偶尔半夜醒来能看到妈妈睡在身边，有时连衣服都没换。爸爸更是忙得没日没夜，不用说星期天和节假日了，就是平时也好几天都看不到人。要想知道他是不是回来过，只能看看洗衣盆里有没有爸爸换下来的脏工作服。直到过完元旦，爸爸才稍微轻闲一些。有一天，小金涛和爸爸妈妈上街时，爸爸指着马路上飞驰的CA-141型方头解放车对他说，这就是爸爸妈妈辛苦一年的成果——真正有国际水准的新解放车。

小金涛始终忘不了在父亲工作手册的第一页写着的16个字："愚公移山、背水一战、万无一失、务求必胜。"他那时还认不全当中的字，是父亲一个字一个字地教他。这16个字字字重若千斤，对小金涛幼小的心灵产生了极大的影响，也成为他的座右铭。后来他才知道，这是在1986年春节后的誓师大会上，时任一汽"掌门人"的耿昭杰和所有"一汽人"共同的誓言。一汽成功实现了世界汽车工业史上少有的老产品单轨制垂直转产，"一汽人"凭借顽强的作风与吃苦耐劳的精神制造出了引领时代的第二代解放牌卡车。

矿石收音机

小金涛出生的年代正是改革开放初期，当时家里经济上还比较拮据。太姥爷年龄大了，身体很不好，常年卧病在床；年幼的小金涛身体也很单薄，三天两头生病，因为生病只去过一天幼儿园。有的时候要靠着父亲向单位互助会借钱，一家人才能勉强度日。

金涛从小是爷爷看着长大的，男孩子调皮，从他会走路起，便每天摸鱼逗狗没个消停时候。小金涛因为身体原因，没去上幼儿园，所以和他同龄的玩伴很少。在小伙伴们上幼儿园时，他就央求着爸爸妈妈给他带汽车厂里废旧的小零件玩。七八岁的时候，小金涛就展现出强烈的探索欲望，喜欢在家里找东西"研究"，一刻也闲不住。闹钟、台灯都被他"研究"过无数遍，拆了装，装了拆，不"研究"明白决不会罢休。

"万能工"金凤国的技术在街坊邻里间远近闻名，从房顶的电视天线，到屋里的高低柜，再到地上盘的炕，那是样样精通，连干活的家什都是自己一手打磨出来的。他总说，自己做出来的工具跟自己最亲近，用起来才最顺手。

1984年一天下班，爸爸抱回来一个黑黢黢的大铁盒子，小金涛可稀奇了，追着爸爸问那是什么。爸爸笑笑，并不告诉他，让他自己去研究。听到里面发出声音的时候，小金涛可被吓坏了，一蹦三尺高，钻到妈妈怀里便不肯出来了，爸爸在一旁看得哈哈大笑。爸爸告诉他，这是收音机，有了收音机，即使是在家里，也能知道全国的事情。

在那个年代，小金涛家里还没有电视、电脑，一台收音机可是家里最昂贵的电器了。听到里面有人讲话，小金涛惊讶极了，赶忙让爸爸把盒子打开，看看是不是有个阿姨不小心被关在了里面。可是盒子这么小，阿姨是怎么进去的呢？小金涛很苦恼。爸爸在一边看着，忍不住又笑了。

这台收音机很快成了家里的"新宠"：爷爷喜欢躺在竹椅上摇着蒲扇听京剧，爸爸妈妈总是在吃饭的时候听新闻。而小金涛最喜欢听的是侯宝林的相声，老先生幽默诙谐的话语常常逗得他合不拢嘴。

这铁盒子里装了什么宝贝，能让它既"说话"又"唱歌"呢？这一直是令小金涛百思不得其解的问题。终于有一天，趁着爸爸妈妈上班，他踩着椅子爬上了那张比他还高的实木大桌。心心念念的收音机就在眼前，小金涛兴奋极了，抚摸了许久才想起来干"正事儿"。他拿出事先找到的螺丝刀，折腾了许久，才把这个铁盒子给弄开。打开盒子，里面是一根根亮晶晶的玻璃管，还有能吸在螺丝刀上的磁铁片。

第一次干这样的"坏事儿"，小金涛紧张得手心里全是汗，一直在心里念叨：我就看看我就看看，看完了我一定把它们都平平安安地放回去。结果怕什么来什么。小金涛一个没拿稳，吧嗒一声轻响，玻璃管掉到地上摔碎了。手忙脚乱中，磁铁上的纸膜也不慎被螺丝刀划了一个小口子。

这时门口传来一阵脚步声，是爸爸回来了。小金涛吓坏了，以为爸爸一定会狠狠揍自己一顿，心里都想好让爸爸打哪里了。谁知爸爸看到这一片狼藉并没有打他，也没有责骂他，而是找出电线、线轴、矿石、调谐器、耳机等工具，带着他一起做"不用电"的矿石收音机。

看着爸爸拿出一条线接在房顶的天线上，又把另一条线紧紧地拧在暖气管子上，耳机里就发出了"小喇叭开始广播了"的熟悉声音。没接电竟然也可以发出声音！小金涛惊呆了。爸爸看着他说："研究可不是只会拆开看看，而是要明白原理和部件的功能，能自己拆开又装回去，还能造得出，才算是真的会。"虽然不明白爸爸所说的"原理"是什么，但"电是个神奇的东西"这个道理却牢牢地记在小金涛的心里。

吊瓶只打左手的小男孩

6岁的时候，小金涛被送入一汽第一子弟小学读书。他学习很刻苦，但体弱多病成了他学习路上最大的障碍。小金涛每半个月就要去医院打吊瓶，一打就是一周，每天要吊三四瓶水，都是两三个小时起步。为了不耽误写作业，小金涛每次打吊瓶都是打左手，即使那小小的手背上布满了针孔和瘀青，也不换手。

看着其他小伙伴每天都可以开开心心去上学，小金涛心里别提多羡慕了。但他从不抱怨，不打吊瓶的时候便花更长的时间来学习。如果要打吊瓶，即使回到家已经夜里10点多钟，也一定要把作业认真写完才肯睡觉。因为他知道，只有学习到更多的文化知识，才能懂得那些"稀奇古怪"的机器到底是怎么动起来的。

等到四年级的时候，小金涛的身体明显强壮了许多，再也不用一个月打两次吊瓶了，但医院的医生、护士都认识了这个吊瓶始终只打左手的小男孩。从病房里搬走时,小金涛将自己收集的500多个不锈钢针头送给了护士阿姨,感谢她们的帮助。

清蒸打火机

金涛从小生活在汽车厂的家属区里,这里住着几千户人家,自然也有许多和小金涛同龄的小伙伴。他们喜欢结伴一同去工厂里玩。在工厂里,他们经常能看到火花四射、热火朝天的生产场面。

有一次,小金涛在厂里看到工人叔叔们正在往机械结构轴与箱体之间装轴承,乒乒乓乓敲了半天也没有装上。后来又过来一个叔叔拿来一口大锅,往里面倒满了油,将轴承放到油锅里煮了起来。煮过的轴承竟然一下子就装了进去,丝毫不费力气。

小金涛看得十分入迷,马上联想到自己最喜爱的手枪打火机。这把手枪打火机是他7岁生日时爸爸送的生日礼物,他一直像宝贝一样收着。这把手枪打火机的原理小金涛已经研究得很明白了,可枪柄和枪身始终拆不开。既然轴承那么坚固的东西放在油锅里加热就能变大,那么这把"手枪"用这个方法也一定可以打开!

可是用油太危险了,还很浪费,既然都是加热,那放在锅里蒸一蒸应当也是可以的吧。小金涛美滋滋地想着。晚上奶奶做晚饭的时候,他便偷偷把手枪打火机也放进锅里,和馒头一起蒸了。

然而实际情况和他的想象简直是大相径庭——手枪打火机的

⊙ 1987年，金涛7岁的全家福（拍摄于长春劳动公园）

塑料手柄像面团一样膨胀起来，像个黑黢黢的大馒头。这下好了，不仅枪柄和枪身没有完好地拆开，就连那一锅馒头都因为沾上了煤油味不能吃了。

这可把奶奶气坏了，她一个劲儿地责备小金涛，说他糟蹋粮食。听着奶奶的训斥，小金涛害怕极了，躲在房间里一直不敢出来，直到爸爸妈妈下班回家后才稍稍定下心来。爸爸告诉小金涛，奶奶是从战争和饥荒年代走过来的人，恨不得一粒米掰成两半吃，最恨别人浪费粮食，要好好地向奶奶认错。

事后，爸爸拿着轴承和已经毁掉的"手枪"对小金涛说，使用任何方法都要考虑环境因素是否与之相匹配，因为轴承使用的钢铁与手枪打火机使用的塑料不是同样的材质，所以它们不能使用相同的方法去处理。幸好塑料加热以后不会产生比较大的破坏力，才没有酿成大祸，要是易爆材质那就更危险了。所以，学习别人的方法一定要结合实际，而不能只看表面现象。

这件事给了小金涛一个教训，爸爸的这番开导也给了他深刻的启发，自此他逐渐改掉了毛毛躁躁的行事习惯，愈发稳重起来。

时间如流水，小金涛在对未来的期盼中，已悄然成长。名为"小学"的列车已驶到终点，告别在此学习六年的母校，迎来的是他人生中的另一段旅程。小金涛迈入初中的大门。

 第二章　少年自有凌云志

勤奋认真的劳动委员

小学毕业后，金涛考上了第一汽车集团公司第九中学，这是当地一所教学质量很高的中学。

进入初中后，小金涛主动担任班里的劳动委员。早上，他背着重重的书包，穿过三个路口才能到学校；晚上，他喜欢一个人在教室里将作业做完再回家，他总说教室的氛围让他更有学习的动力。

尽管从家到学校要走近半个小时，他始终是班级里最早到的学生。每天到班级以后，金涛既不找人聊天也不跟同学们打闹，而是先将教室里的卫生打扫干净，再去做其他事情，而对于牺牲自己的个人时间他毫不在意。每当班级布置劳动任务时，他总是带领同学们认真完成。但凡有脏活儿累活儿都主动承担下来，带头干、抢着干，任劳任怨，以身作则。班里的同学们受他这种精神的感染，打扫起卫生来都很认真。因此，他们班是整个学校卫生最好的班级，经常受到学校领导、老师的表扬，也常常让其他班级的同学很羡慕，同学们总笑嘻嘻地说："这都是金涛的功劳啊！"

班级的钥匙一直都是放在金涛那里，生物实验室和物理实验室的老师同样将钥匙放心地交给他管理。有一年新学期开学，当老师提前走进实验室准备打扫卫生、迎接同学们时，发现虽然经过一整个暑假的闲置，实验室里却一尘不染。门窗、柜门，甚至连科学家的挂像和每一个实验器材都被擦得非常干净，而且实验器材上所有标签都被换成了新的。通常，一个实验室可以容纳两个班的同学一起上课，各种实验器材加起来可不少，要把上面所有的标签都换掉，实在是个大工程。看到标签上那稚拙而工整的字体，老师就知道是金涛做的。老师问金涛怎么想起来打扫实验室，他说每次放完寒暑假后回来，实验室内都积了厚厚一层灰。老师开学都很忙，既要备课还要打扫卫生，很辛苦。自己在家也没什么重要的事，提前一周到校，把实验室打扫干净，这样就可以减轻老师的负担，让老师们更好地准备新学期的工作，同学们开学的时候也能感受到新环境、新气象。这一年，金涛被评为三好学生，还登上了学校的光荣榜。

失意的毕业季

金涛在小学的时候，由于三天两头请假去医院打吊瓶，落下了许多课程，因此学习成绩并不是特别突出。到了中学，金涛的身体开始慢慢地强壮了起来，再也不用隔三岔五请假，学习成绩有了明显提升。金涛是那种想做什么事情就一定要做好的性格，

⊙ 1994年7月，金涛被学校评为三好学生，照片登上了光荣榜

初中没能考上一汽九中的尖子班让他难过了许久。现在身体状况允许了,他自然要更加努力学习,将前六年因病错过的时间都给补回来。

说起来有多容易,做起来就有多难。

金涛小学欠下的债太多,很多知识都要从头学起才行。因此,办公室的老师经常能看到这样的一幕:一个初一的孩子天天抱着小学课本去小学部,找小学老师请教问题。时间一长,不仅是初中的老师,连隔壁小学部的老师都认识这个爱问问题的孩子了。同学们经常问他,初中生还天天去小学问问题,不觉得丢脸吗?小金涛很奇怪,学习怎么会丢脸,把不会的问题弄明白不是最重要的吗!同学们小脸一红,飞快地跑开了。

努力终于有了成效,初一的期末考试小金涛一举夺得了班级第一的好成绩,自那以后,他的成绩始终稳居班级前三名。

在初中毕业前的一段时间里,如何选择学校让金涛犯了难。自己的理想是上高中,读医科大学,以后成为一名救死扶伤的医生。而父母则希望他直接考师范学校,未来当一名教师,教书育人。

可惜天不遂人愿,中考的时候金涛太紧张了,拿到试卷之后手都在抖,思维仿佛也因为紧张而凝固。考完回家,金涛趴在床上哭了很久,他知道自己一定考不上心仪的高中了。

消沉几天之后,他揉揉哭肿的眼睛,选择去技校读书。金涛仿佛一夜之间长大了。

⊙ 1998年2月，金涛（前排右三）就读于一汽高级技工学校

　　20世纪90年代的技校和现在的技校大不相同，学生毕业以后大多数都会分配工作，进入国有企业成为正式工人。"一毕业就能端上铁饭碗，也挺好的。"父母这样安慰他。技校虽然也很好，但离金涛梦想的大学还是相距甚远。

第三章　追梦路上终不悔

忙里偷"闲"读高中

技校入学选择专业的时候，金涛毫不犹豫地选择了他最喜欢的电工专业，但这也是学校里难度最大、竞争最激烈的专业。

技校的大多数专业都是理论与实践并重的学习模式，然而电工专业是个例外。老师对同学们解释说，电是人类最伟大的发明之一，它给我们的生活带来很大的便利，但同时它也是危险的如果操作不当，就会对人造成很大的伤害。因此，电工专业不会在同学们入学之初就开设实践课程，而是先要学习一年理论课。同学们要树立这样的意识：只有先把理论知识都学明白了，才能在实践中做到游刃有余。

在理论课的学习中，金涛愈发感到自己基础知识的薄弱，他有了继续读高中的想法。但他要就读的并不是普通高中，而是同时兼有高中和技校性质的一种在职人员业余学校。由于照顾到学生们白天还要工作，这种学校通常会在晚上上课，所以又被称为"夜校"。对于金涛的想法，金凤国和代桂珍夫妇都很赞成。

从技校到夜校和从技校回家是完全相反的两个方向，一来一回要将近两个小时。下午3点多技校放学后，要想回家吃个晚饭，再上夜校就来不及了。为了能好好利用这一个多小时，金涛在一汽图书馆办了张借阅证。图书馆里的书可真多，金涛来了就不想走，放学总是第一时间冲到图书馆，直到晚上快上课了才恋恋不舍地离去。每天晚上回到家吃上晚饭都要8点多，这一坚持就是六年，直到业余大专毕业。

上班以后，如果碰巧赶上加班没办法上晚课，金涛就利用周六周日和节假日的休息时间去夜校补课，总之决不肯落下一节课。最终他以优异的成绩完成了专业课程的学习。

神奇的足球机器人

长青路是金涛每天上下学的必经之路，这条路上有一个卖报纸杂志的小书摊，摊主姓张，是一位个子不高的和蔼老太太。虽然这个书摊不大，但书刊、报纸的种类很多，比较专业的期刊《大自然》《电脑报》，文学杂志《十月》《收获》，应有尽有。

这天金涛从书摊旁路过，随意一瞟，这脚仿佛就像扎了根似的，再也走不动道了。书摊最醒目的架子上摆了一本《电脑报》，封面是几个正在踢足球的机器人。这让一直喜欢踢足球的金涛意外极了。这是啥？哪家玩具厂新生产出来的玩具模型吗？细看一下可不得了，一排醒目的大字映入眼帘："祝贺中国第一支机器人足球队在哈尔滨工业大学诞生！"

　　金涛立刻掏出三天的早饭钱买下了这本《电脑报》，回家的路上他始终不愿意放手，边走边看，还差点一头撞到树上。可惜这本杂志对足球机器人的介绍只是点到为止，并没有说清楚它们的运动原理。金涛细细读完了这本杂志，仍觉得不过瘾，便开始到处查资料。这一查仿佛为他打开了一个新世界的大门。

　　足球机器人是没有脚的，因此它不能像人那样用脚踢球；它也没有眼睛，看不到球在哪里。那么，它到底是怎样"踢球"的呢？这就是人工智能和微机控制的魅力。

　　足球机器人装有一组电子眼，称为"复眼"，它们是一组光电传感器，可以看到红光从而对足球进行定位，"复眼"具有360度的视角，比人的视力范围要宽广一倍。它能发现足球上特殊小红点发出的光线，然后对其进行跟踪追随，所以无论足球在什么地方都可以被机器人捕捉到。

　　找到足球后，足球机器人用倒立的塑料瓶子来进行充气，当它追上足球时，会利用上方轮子滚动产生的摩擦力把足球"抓住"，等机器人"抓到"足球以后，再把这瓶子里的气体喷出来，这样就实现了"踢球"的动作。

　　深入了解足球机器人的原理后，金涛才发现，人工智能、微机控制这些原以为遥不可及的事物离生活这么近。从此以后，微机编程课成了他最喜欢的课程之一，《电脑报》则成了他每期必买的杂志。

再续儿时缘

自动控制技术是20世纪以来工业生产中一项重要技术，它将人类从复杂、危险、烦琐的劳动环境中解放出来，并大大提高了劳动生产效率。

世界上最早的自动控制技术可以追溯到我国古代，数千年前，先辈们便发明了漏壶和指南车，这种自动控制装置为当时人们的生活带来了极大便利。它的广泛应用开始于欧洲的工业革命时期，在英国人瓦特改良蒸汽机的同时，自动控制技术也得到飞速发展。但是，由于清朝政府奉行"闭关锁国"的政策，中国未能赶上世界工业革命的浪潮，技术发展大幅落后于西方，现代化的自动化控制技术更是无从谈起。

20世纪80年代后期，在党和国家政策的引领下，许多职业学校和高等学校陆续开设了自动控制技术这门课程。在自动控制课程选方向时，金涛选择了"无线数据采集系统的开发"这一方向。经过在学校两年的学习，金涛发现几乎每台设备都有数不清的电线，无论哪一根被磕了碰了，设备都会出现问题。每当看着现场如蜘蛛网一般交错的线路，金涛总是一个头两个大。

这些复杂的线路是设备运行和故障维修的老大难，金涛明白，如果不将这些"绊脚石"解决，自己的技术水平永远得不到提高。

从最基础、最枯燥的原理开始学起，再到硬件选项、单片机程序开发，势必将所有的知识都弄清楚、学明白才肯开始下一阶段。在学习过程中，金涛遇到的困难之一是学习与芯片有关的知识。在此之前，他从没见过芯片，更不懂芯片，那小小的一片东西放在手里拿都拿不起来。金涛就拿着手册一个一个地查，去图书馆里一个一个地找，找到相似的图纸再分析该怎么使用。就这样，他查阅了近千个芯片的相关资料与技术参数，总算把日常能用到的大部分芯片摸得滚瓜烂熟。

芯片问题只要查资料便行了，但单片机编程就没有这么简单了，这也是金涛遇到的最大难题。编程的过程中要把所有线路图都装进脑子，每张线路网少则几十条，多则上百条线，不能错也不能乱。什么时候发送数据，发送到哪里，要控制哪些芯片协同工作，不能出现一丁点儿差错。经过两个月的不懈努力，画废了几千张图稿，金涛终于做到在500米内就可以对8个通道的模拟信号进行采集。

这也是他儿时无线电梦想的延续。

父子"万能工"

爸爸金凤国是金涛从小到大唯一的偶像，他最佩服爸爸的就是他好像什么东西都会修。大到冰箱、电视机，小到玩具汽车、手电筒，就没有什么东西能够难倒他。邻居们也很敬佩爸爸，每次请爸爸修理完家电，都会给几个苹果、香蕉表示感谢。金涛不喜欢吃苹果，但他喜欢吃爸爸从邻居家带回来的苹果，那是邻居对爸爸的认可，小金涛觉得这样的苹果又香又甜。

在电工专业学习了三年，金涛不仅熟练掌握了电气设备维修的技能，也有能力实现儿时的愿望——成为像爸爸一样的"万能工"，得到大家的尊敬。现在的他，从修理电饭锅到修理洗衣机，样样都是手到擒来。

一个夏夜，家里人吃过晚饭坐在凉席上看电视，突然一声闷响，电视机冒出火花，一下子没有了图像。爸爸刚要动，金涛一声大喊："别动！我来！"把爸爸吓了一跳。金涛立刻跑回房间从一堆图纸中翻出电视机说明书，一张张比对，一处处分析，半个多小时过去了，他终于在电源板上找到故障点，修好了电视。几天后，电视机又出现了同样的问题，金涛明白，若再用上次的方法是治标不治本，同样的问题以后还会发生。他认真研究，分析受损电路，改进元件型号，同样的故障再也没有出现过。

邻居们知道有这样一个维修小能手，都很乐意找他帮忙。楼上的小弟弟是玩具四驱车的爱好者，可是赛车的速度总是上不去，比赛的时候很吃亏。金涛帮助他改装车子里的电机转子，提高转子转速，让小弟弟拿了学校里四驱车比赛的第一名。

楼下王爷爷最喜爱的《智取威虎山》光盘卡到VCD机里怎么也拿不出来，把王爷爷急得不行，生怕光盘被卡坏了。金涛三两下就打开了VCD机，不但安全取出了光盘，还修复了卡碟的故障。王爷爷很高兴，直夸他是个好孩子。

孔老师的教诲

孔老师是金涛在技校学习期间的班主任，也是学校里教授模具维修课程的老师。虽然没有给金涛上过专业课，但孔老师经常和他谈心，跟他讲学习方法，告诉他如何做一名合格的工匠。即使是上班以后，金涛依旧会去找孔老师寻求帮助。

孔老师帮助金涛很多。刚参加工作的金涛经常找不到生活的方向，在工厂里上班的日子不如在学校轻松，每天穿着厚厚的工作服，又重又不透气。工厂里环境差，呼吸的都是灰尘和汽车的机油味，几天下来可把金涛折腾得够呛。孔老师工作经验丰富，经常用自己的经历安慰金涛。

"我们那个时候做汽车模具才是真累啊，全靠手工操作，夏天热，冬天冷，被刚打磨好的模具烫出水泡是家常便饭。因为不熟练还经常要返工，我差一点儿就放弃了。但好在我遇到了一位好师傅。我工作完不成的时候，师傅会帮我，我遇到烦心事，师傅会开导我。在师傅的带领下，我渐渐明白做模具是一门手艺活儿，也是技术活。把技术学好了，自然就不觉得辛苦了。"

多读书、多实践是孔老师教给金涛的秘诀。从金涛上学开始，他每个星期都带金涛去书店，常常一待就是一天。每当金涛有问题请教他，他总会问："你有没有动手试一试？等你试过了若是还不会再来问我吧。"就这样，金涛在孔老师的带领下养成了多读书、勤动手的好习惯。

尽管在金涛工作以后，孔老师不再是他的班主任，也不是模具维修一线的工人，但他依旧每个星期都带金涛一起去书店。他将新学来的知识传授给学生，让工匠的火种代代相传。孔老师用自己的言传身教在金涛心中埋下了一颗"工匠精神"的种子。

 第四章　不负韶华行且知

"重回"一汽

　　1999年12月31日，这是金涛第一次以在职员工（学徒工）的身份走进一汽-大众的日子，他记得很清楚。此时一汽-大众车间的标准化做得比以前进步很多，金涛试图在脑海中寻找儿时工厂的模样，发现设备先进了，厂区扩大了，车间格局大变样了，就连原先年轻的叔叔阿姨都已经带徒弟了。刚开始时，他总是会迷路，上班要问很多人、绕一大圈儿才能找到自己的工位，一个多星期过去总算是熟悉了车间。

　　2000年1月1日，金涛正式开始上班，成了一名点焊学徒工，工作地点是焊接车间。这个此时正在承担奥迪C5生产任务的车间在一汽-大众可谓历史悠久，它拥有的11条焊接线都曾在美国服役过，后来才拆卸并组装于此。若干年后，一汽-大众的老旧设备全部被淘汰，换成了更加先进的机器。但当年这套设备的一只机械手被保留下来，以示对那个具有特别意义年代的怀念，每次经过那里，金涛都会停下来行个注目礼。

　　焊装可以说是汽车整个生产流程中对精度要求最高的环节，因为焊装是把冲压车间交付过来的冲压件全部焊接在一起，相当于把二维的各个部件组装成三维的组件，成为车身的骨架。所以各个部位必须接得严丝合缝，但凡有一点儿没对上，整个车身的强度就不平衡，影响车子的性能与安全。经过焊装之后，一辆车也就大致成形了。

焊装生产线完全颠覆了金涛原先对汽车厂的印象，无论是小时候跟着父母去单位，还是上学时到工厂实习，看到的基本上都是零部件厂。有生产转向器的，有生产散热器的，还有大一点儿专门生产发动机的，但如此完整的生产线和整车生产体系他还从未见过。从前接触的大多是平面的生产区，现在一下就变得立体和多层级，金涛既紧张又兴奋，这里摸一摸，那里看一看，对什么都很好奇。

对于金涛来说，工作的前三年尤为关键，既是从学校到工厂的适应期，也是重要的学习期。这时候能学到的可不只是书本上的理论知识，更多的是前辈们的工作经验、实践成果，他万分珍惜这样的机会。既要适应高强度工作，又要适应快节奏学习，尽快提高自己的技术水平，金涛所要面对的挑战可不止一点点。

对于金涛来说，第一个挑战来自体力。21世纪初期，整个奥迪C5车间的自动化程度还不算太高。焊装车间仅有10台库卡（KUKA）机器人（是一种工业机器人，能够帮助工人完成钻孔、切削、焊接等工序），一忙起来根本就不够用。这就需要工人在操作时把几十斤重的手动焊钳抱在怀里，而且一干就是一整天，没有休息的时候。下班回到家，金涛常常因为过度疲劳导致两只手颤抖到不能自控，有时甚至连筷子也拿不住，只能用小勺慢慢往嘴里扒拉饭。没过几天，他的手臂便出现了浮肿。这可把戴桂珍给心疼坏了，每天晚上都用冰水给儿子冷敷消肿。几个月下来，高强度的体力劳动让从小没干过体力活的金涛感受到一种从未有过的压力。

为了增强体力，更好地工作，也为了让母亲不再这么担心，金涛开始了他的"举铁"之路。没有健身器材就举废旧的钢条、铁块，没有健身房，车间角落就是最好的场地。每天早晨金涛都早早来到工厂，先运动一个小时，直到快上班了才回到工位上。于是，车间工友们天天都能看到一个在角落里默默"举铁"的清瘦身影，以及时不时传来清亮的"一二一"号子声。常有工友笑称：每天只要看到小金在练什么动作，我就知道现在几点，真是比闹钟还准时！

第二个挑战是金涛必须重新建立自己的知识结构。在这个岗位上，金涛接触更多的是焊接设备，这与他在学校学习的机床维修内容相去甚远，而机器人、总线系统这些知识，更是与他的所学相差十万八千里。

拿总线系统来说，金涛在学校时接触的电缆，出现故障时检查工具只有万用表，而现在工作中面对的却是光缆，检测工具也变成了笔记本电脑，这也就意味着整个工作思路都与以前不一样了。

那个时候改革开放才初见成效，拥有电脑的家庭少之又少，更不用说笔记本电脑了，金涛摸都没摸过。对他来说这里的一切都很新鲜，也同样很陌生，意味着一切都需要从头学起。

出色的"编外技工"

2000年1月，金涛从技校毕业后，为了弥补理论知识不足这一短板，他用课余时间取得了母校继续教育学院电气自动化专业本科学历。他儿时的梦想终于变成了现实。这7年的学习生活，带给他许多难忘的回忆，留给他扎实的理论知识，也奠定了他未来成长之路的基础。金涛说："三年的技校生活将我引入职业生涯，开始学习匠艺。四年的高专生活让我学习到国内领先的专业知识，以及如何应用专业知识解决工作中的难题，形成我坚定技术之路的匠心。现在我将走进一汽这个'大学校'和学弟学妹们共同学习，一起探索什么是匠魂。"

工作时，面对着现代化的汽车制造设备和只有外国专家才能"染指"的一些高新技术，金涛暗下决心：我一定要成为这一领域的行家，决不再受外国人的挟制。

在完成本职工作的同时，他总是跟在维修师傅身边，递扳子、送钳子，为的就是看清师傅们修理故障机器的过程。"这边干着活儿，那边坏了就去修设备，修完设备回来再接着干。"金涛这样形容自己的状态。每周休息日是生产线检修的时间，他更是一次不落，两三个月没休息是常事。凭着这份努力与坚持，后来车间里生产设备的绝大多数故障都不用再去请维修师傅了，金涛自己就能解决，而这距他刚刚接触设备维修还不到一年的时间。

金涛的努力都被工段领导看在眼里，为了支持这个总是一身干劲儿的小伙子，工段选派他到一汽-大众的培训中心学习。在这段时间里，金涛白天听课，晚上上班，夜里还要根据白天老师所讲授的内容找技术资料来"啃"，光笔记就记了五大本。他不厌其烦地请教培训中心的老师，对着指导手册自学计算机，在很短的时间里就掌握了高端设备的计算机程序修改等先进技术。

在这个过程中，金涛逐渐意识到，学会维修，仅仅能保证机器工作，要提高生产效率则需要在原有基础上不断创新。于是，他牵头开展了十几个技术革新项目，为车间节省了大量生产成本和生产时间，工段长不禁感慨道："咱们工段再也没有能够难住你的事情了！"

由于一汽-大众的生产设备来自不同的国家和地区，有许多是来自三菱、西门子、菲尼克斯等外国公司，当时国外的技术更加先进，一汽的技术与国外公司的技术之间存在差距。这对工人自身的能力要求就相当高了，一般的技工压根儿不会用这些设备。金涛也不会用，他在学校里学习的是一汽生产使用的机械加工设备，没见过这么先进的设备，再加上这些设备的原始资料大多是德文，设备不熟，语言又不通，没有经过设备专项训练的金涛脑子里简直是一团乱麻，完全无法上手。

这该怎么办才好？金涛一个人躲在房间里想了很久。继续学习是他唯一的办法。在网络还不发达的年代，没有电子词典，没有拍照翻译，语言不通就只有翻词典一个个地查。他挤出时间学习外语，边向老师请教边查字典自学，两本厚厚的《牛津高阶英汉双解词典》和《朗氏德汉双解大词典》被他翻得起了毛边。为了学好外语，金涛有一段时间完全不说中文，连回家也只说英文。妈妈听不懂，把他狠狠教育了一顿，他才"收敛"一点儿。

功夫不负有心人，两年的时间让金涛进一步地掌握了英语和德语，不仅可以通读外文资料，还能直接和外方专家进行口语交流，连工段长出席会议也总带着他做翻译员。金涛利用空余时间，把系统里的德文程序翻译成中文，编成手册发给身边的员工，让他们看起来更加省时省力。

手上的功夫更没有捷径，设备不熟就只能练。金涛那段时间几乎把自己的家都安在了车间，天天守着那些设备，没事就琢磨它们的使用方法，唯一的休闲大概就是看说明书了。他在一片迷茫中摸索着前进，积累经验，用最快的速度熟悉设备，力求能够独当一面。

天道酬勤

对于当时正在操作的奥迪A6车身焊接工作来说，金涛学历比较低，专业也不对口，要想成为正式员工，他的面前有一道又一道需要跨越的障碍，但金涛的词典里从来没有放弃一词，只要是他认准的事情，谁也无法阻拦。

奥迪生产线对工艺有着近乎苛刻的要求，就拿金涛所学习的第一项操作技能——修饰点焊电极帽来说，公司要求所有焊点都不能有肉眼可见的瑕疵，要知道，焊点有微小的凸起或者凹陷其实完全不影响车子的性能。而且当时与现在不同，并没有专业工具，要完成这个工作，工人们只能用锉刀一点点地将电极帽打磨规整。

为了练好这项技术，他时时刻刻拿着锉刀，看到啥都想上去锉一锉。质量再好的手套也经不起这样高强度的磨损，平均下来，金涛每个星期都要磨坏好几双手套，大拇指和中指上被磨出的水泡也是长了又消，消了又长。冬天还好些，三伏天一到，泡在手套里磨破化了脓，那可真是钻心地疼。都说"铁杵磨成针"时一项技术便练好了，金涛磨过的针能装满好几个尼龙袋。金涛也由此落下了一个"毛病"，一打开车门就想先去看车内的焊点，在他看来，如果焊点有哪怕一点儿瑕疵，这大概率不是一辆好车。这个习惯跟了他大半辈子。

想要转正仅依靠现在的技术肯定是不够的，还需要再学习。一汽-大众有个好传统就是在工厂内部设有专门的技术培训中心。为了加快培养员工的技术，提高员工技能，培训中心开设许多专业课程，而且还为现场应用技术配备了较好的培训设备，设计了完整的培训体系。

在三年多的时间（2000—2003年）里，为了既不耽误学习，又能适应车间两班倒的工作制度，金涛往往是车间、培训中心两点一线。白班的时候就晚上去培训，晚班的时候第二天起床就直接往课堂冲。工友们因此戏称他为"铁人"。

2001年，焊装车间开展全生产维修，这让一心想学习维修技术的金涛喜上眉梢。说到这里就不得不提及一汽-大众另一个优良传统——老师傅传帮带新员工。无数实践经验证明，这是一种低成本、高效率的培训方法。为了让新入职的员工尽快熟悉岗位、熟练操作技巧，一汽工厂积极指派经验丰富、技术熟练的"老师傅"对新员工进行一对一指导交流，形成了良好的"传帮带"氛围，也建立起新老员工之间深厚的师徒情感。

当时金涛的学习完全是自发的，所以也没有专门的师傅，但这恰恰丰富了他的技能储备与知识结构。面对这样一个手脚勤快、愿学肯干的后生，老师傅们都倾囊相授。金涛从基础学起，将一点一滴都记录在笔记本上反复琢磨，慢慢地掌握了可编程控制器中部分核心的技术操作要领。

当工段设备再出现问题时，金涛就主动向班长申请让自己试一试，班长虽然将信将疑，却也给了他这个机会。刚一看到问题，金涛便觉得有些眼熟，细细观察一番后，发现了出纰漏的地方。令同事们没有想到的是，他仅用了不到半个小时就排除了故障，这之后，整个工段的机器出现一般性的故障，只要金涛在就足够了。工段长很欣慰，开玩笑说，我们工段有你金涛一个就够了。

点焊工需要会用巧劲儿，一个焊钳有几十公斤重，虽说有平衡器辅助，但也需要操作者抱着工具工作。这也是金涛的第一份工作。最初，金涛只会用蛮劲儿，这样控制工具的焊接精度就成了难题，这个问题不解决，焊点变形也就不可避免。其实，即使是拥有十几年焊接经验的老师傅，对于这个工作，也不能保证完全不出问题。

金涛为此很苦恼，焊点变形虽然可以返工，但这样一来，工作量加倍不说，经过返工的焊点总归没有原先服帖。因此他就主动向班长申请要多在这个岗位上操作，希望能从实践中寻找到解决问题的办法。

经过长时间的观察、实验、测试，金涛最终弄清了问题所在：在前序工段，工人为了保持焊钳平衡器位置相对固定，需要不断调整角度和力度，这样误差就在所难免。为此，金涛精心设计了一种夹装式限位平衡器，有效减轻了工人工作时对操作难度和力度的要求。夹装式平衡器不仅使工作变得轻松了，而且产品质量也得到了保证，金涛的第一项技术革新就为工段和工友们解决了一个大难题。

机会总是留给有准备的人。2000年末，奥迪C5型汽车生产进入了一个关键期。一天，前轮罩螺柱焊接机器人因故障意外停台，这急坏了公司上上下下。在几个小时的时间里，工段和车间维修人员轮番上阵，不停地测试、试验，试图找到问题所在，但迟迟没有任何进展。就在大家束手无策的时候，身在修理现场外围的金涛突然说道："是不是焊接的回路检测有问题？"这句话让维修师傅顿时一怔，急忙去查看螺柱焊的焊接回路，果不其然，是这里连接断开了。问题排除后，生产线立即重新开工了。事后，师傅问金涛："你怎么知道是焊接的回路出了问题呢？"

金涛回答："我平时看控制柜下面的测量线信号灯都是亮着的，现在却不亮了。"师傅又问道："控制柜下面的信号灯这么隐蔽，你怎么注意到的？"金涛很自豪，挺着胸脯说："设备运行时我一直都关注每个步骤的设备状态，这样就知道正常的设备该是什么样了。我就觉得这早晚能用得上，现在果然起作用了。"师傅不禁竖起了大拇指。

这件事对于他来说是一个很大的激励，从此以后，他不但更加关注机器的运行情况，而且还详细研究了设备的图纸，总结出故障出现的风险点。此后，工段的设备出现问题，金涛就能够按图索骥修理，成为小有名气的自主维修能手。

机会总是格外青睐有准备的人。2003年8月，一汽工厂对新入职的200多名操作工进行了一次机电维修工内部招聘。经过三年的磨炼，金涛在这次竞聘中大放异彩，以车间第一名的好成绩通过转岗考试。自此，他终于有了属于自己的工位、工牌，成了一汽-大众的一名正式机电维修技工。

从"一专多能"到革新闯将

一汽-大众近几年发展得越来越好，新技术、新设备不断引进。但是由于技术人员较少，焊装一车间逐渐出现人手不足的情况，每个人的工作量都大大增加。刚转岗成功的金涛也要在完成本职工作之余，去其他工种帮忙。他身兼多职，平时是岗位操作工。如果哪里的设备出现了故障，他也能立刻化身维修技工，背着一大包工具奔赴现场，等抢修完设备再回到操作岗位。

像金涛这样"一专多能"的人才正是一汽-大众最需要的，他就像一块砖石，哪里需要就往哪里搬。他整天忙忙碌碌，维修岗、操作岗两头跑，没有停歇的时候。来到一汽-大众后的每一天，金涛过得都很累，但也很充实，现在他有大把大把的机会可以接触到世界最先进的焊装设备，学习到最先进的技术，他很满足。

螺柱焊是汽车行业常用的焊接工艺，适用范围广，焊接效果好，深得工人们的青睐。唯一美中不足的是，螺柱焊的设备很脆弱，一些零件特别容易坏，飞溅的火星、不经意的碰撞，都能成为它们"罢工"的原因。仅焊装车间一种车型的螺柱焊设备，每年的维护成本就相当可观，几乎占每年设备维修总费用的30%。

螺柱焊设备故障率太高，天天都有人找金涛请他帮忙维修设备，这不但严重影响到金涛的本职工作，更会不停地扰乱生产节奏，降低生产效率，大家对此抱怨纷纷。都说"久病成医"，其实任何事情做多了都是一样的道理。修着修着金涛便发现，总是出故障的零件好像就那么几个。通过仔细观察和反复推敲，他觉得应该是国产螺柱焊设备在设计上有问题，少了些保护和提升导电率的设计，所以部分零件经常损坏。

他又比对着国外的设备，发现进口生产设备用的材料还没有我们的好，但偏偏不容易损坏。金涛根据进口螺柱焊设备的内部结构和工作原理，对国产设备进行改造。他先在设备的表面加了一层导电膏，又专门设计了一款防飞溅装置和绝缘装置加装在灭弧罩内部，有效保护了那些容易损坏的零件，大大延长其使用寿命。

各大汽车主机厂所用的零部件并不都是自主生产，有很大一部分需要外包给专业厂家去完成。为了加快零件自主开发与生产的速度，也为了保证生产出的零件符合标准，需要一汽选派技术人员与生产厂家进行具体沟通。技术水平高又富有经验的金涛常常作为一汽-大众的代表，去协助合作厂家完成自主项目。

"发现问题就是发现财富，解决问题就是创造财富。"这是金涛一贯的工作思路。在合作过程中，他不仅尽力做好本职工作，还与厂家积极沟通，帮助他们改进生产设备，纠正产品设计缺陷。他还将自己创新的生产技术同合作厂家的技术人员共享，降低他们的生产成本，合作厂家对金涛这种助人为乐的精神赞不绝口。从另一方面来说，降低生产成本的同时也使销售商有了更大的让利空间，真正实现了互利共赢。

除了传统的焊接方法，在车身制造中，焊装车间应用的粘接工艺越来越多。简单理解就是利用胶的黏性把车身各个零件拼接在一起，因此需要大量涂胶设备。有的胶枪用不到十天半个月，其内部的密封环就会损坏，每天几千次的开关，十多个大气压的工作压力，如果没有及时察觉，胶枪中的胶液便会漏得满胶枪都是。在涂胶工位旁边工作的员工，身上总会被胶液粘得不是蓝条就是黑道，若是不小心蹭到皮肤上就更麻烦了。

就算立刻发现，马上处理，此时的密封组件也已经被胶液粘住了，想要取下来只能把设备全部拆解，再浸泡到特殊的除胶溶剂里去除残胶。仅是浸泡就要一两个小时，再加上去胶、烘干、安装等一系列流程，每次维修至少需要4个小时。金涛不禁感慨，要是把这4个小时都用来生产，那生产效率将提高多少啊！

为了尽快解决这个问题，金涛成立了专门的"胶枪漏胶问题"攻关小组，突破"哪疼治哪"的传统思路，决定将漏胶问题杜绝在源头。只要漏胶问题能得到很好的解决，就不再需要经常拆解设备，既可以延长胶枪的使用寿命，还能节约大把的维修时间。

泄漏点已经找到，密封结构也了解清楚了。金涛正摩拳擦掌、准备大干一场时，却发现一个大问题：现在的密封结构就是一个非常完整的体系，根本找不到任何突破点，不知该如何下手，也没有改进空间。项目似乎走进了死胡同，面对这样尴尬的情况，大家都有点儿泄气，继而为下一步该如何进行而争论不休。

"改进就是要将不可能的事情变成可能！"金涛一锤定音，"再找！"他坚定的态度深深感染了团队里的每个人，大家不再抱怨、不再争吵，劲儿往一处使，共同商讨改进方法。功夫不负有心人，经过一次次试验与不断修改，他们终于在锁紧结构和导向密封结构方面找到了突破口，成功解决漏胶问题，把胶枪的使用寿命延长了整整三倍。胶枪的使用范围很广，在其他生产环节也能用得上，因此金涛改进的这项技术很快便得到全车间技术人员的赞赏。

在金涛的影响和带动下，焊装一车间掀起了一股改良创新的浪潮。大家从身边细枝末节的小事做起，立足岗位，从工具改良到方法创新，省去许多不必要的步骤，为使用不便的设备添加一些利于操作的零件，一大批创新成果逐步转化成提高质量和生产效率的累累硕果。

人生第一个项目

2002 年，一汽–大众决定投产新车型奥迪 B6，金涛也迎来了人生中第一个项目。新项目开始前，为了腾出设备安装位置，要先把奥迪 C5 旧项目的设备搬迁走，这是金涛首先要负责的工作。

奥迪 C5 项目的焊装生产线有 10 台库卡机器人，在金涛负责的工段有 4 台，2 个干点焊和 2 个干螺柱焊，这 4 台机器人可是大家伙，既庞大又金贵，万一磕了碰了可就麻烦了。除此以外，他还负责夹具的搬迁，因为搬迁后的新场地大大缩小，设备布局和现在无法一致。而且新场地的配电箱与夹具不能挨在一块，不然相互干扰，无法工作。如此一来，夹具究竟该如何安装便成了大问题。金涛整天茶不思饭不想，光顾着琢磨设备该怎么摆、夹具该怎么放。

那时的他德语还不够精通，对设备的熟悉程度也不高，每天回家都抱着两本外语词典，带着 500 页图纸，一边研究一边改进安装方案。次次熬夜到凌晨，一干就是两个月。为了施工更方便，也为了提高工作效率，他对原先设备摆放的位置和布局都做了调整，又自己制作了一个手动夹具来专门安装配电箱。

在这项工作中，金涛负责主要部分，还有两三个同事从旁协助他，又找了供应商专门负责搬运和安装。他们事先就对电缆进行改造，然后捆绑好，这样再使用的时候便快多了。从开始搬迁到调试结束，金涛一共用了 18 天，这个速度在当时堪称奇迹。

任务完成时，金涛长舒了一口气，颇有感触地说："动脑加动手，就长能力了，但是这个项目我主要做的还是技术准备，只是凭借对车间现场的熟悉程度，重新将生产设备进行复制和组装，并没有真正发挥和融入自己的技术特长。"此时的金涛并没有骄傲，而是想用加倍的努力面对下一个任务。

惨遭滑铁卢

金涛对自己的能力一直非常自信，谁也没想到，在参与的第二个项目中，他就惨遭滑铁卢。这是他工作中第一个转折点，使金涛开始重新审视自己所从事的工作。

奥迪B6项目前期准备工作完成后，正式进入投产阶段。奥迪C5汽车被大家戏称为"飞行汽车"，因为它的车身在运转时是用悬链吊着在空中作业。奥迪B6生产线并未沿用这一方法，输送用的是自动化辊床，而且是以前从未使用过的组合式模块来控制系统。由于这次项目较大，所以抽调的人手也多，焊装车间所有技术骨干都要参与，金涛自然也在其中。

金涛的任务是对输送设备进行调试，听起来特别简单，从上学到现在，经他手调试过的设备没有一千台也有八百台。所以接到任务后的金涛还有点儿不高兴，他觉得分配给自己的任务太简单、太没挑战性了。金涛想当然地认为按照以往经验，再看看说明书，只要控制器地址分配没有出错就没什么问题。因此他便不再有心思认真琢磨新设备，或者仔细阅读设备资料，他太想当然了。

错误往往发生在不经意之间。就这样连续作业几天后，到了验收成果的时候，不看不知道，一看吓一跳——地址分配竟然全错了！比如本该分配给甲设备的地址却分配给了乙设备，整个系统乱成一团。眼见这样的结果，金涛差点儿没吓晕过去，他从未想过自己有一天会出现这么大的失误，若是无法弥补，造成的损失甚至可达几千万。

此时距离上级规定的调试时间只剩5天。5天，要重新编程、重新分配地址，将先前所做的一切全部推倒重来。金涛顶着巨大的压力从头开始，不眠不休三个昼夜才终于完成新一次的编程。本以为这样就结束了，但一波未平一波又起，调整后的程序传到控制器上极其不灵敏。

现在摆在金涛面前的只有三条路：一条是直接放弃；一条是将控制器进行硬件升级；最后一条是对程序再次优化。金涛的字典里从没有"放弃"二字，第一条路肯定不行。但硬件升级也很不现实，不仅会大大增加投入成本，时间上也不允许。所以他只剩下最后一条路了。

金涛整整一周没有回家，连工厂大门都不曾出去过，吃住全在设备间。设备间没有床也没关系，反正他用不上，半夜困了，就趴在办公室的桌子上眯一会儿，醒来接着干。吃馒头，喝矿泉水，连吃一口热乎饭的时间都没有。

再次回想起来，金涛才发现以前的自己是犯了多么愚蠢的错误。第一遍调试的时候，他完全按照旧设备的那一套方法来分配地址，等到试生产时才发现新设备要用新方法，而自己并没有掌握新技术，所以绕了这么大一个圈子。这次返工调试领导催得更紧，时间容不得有第三次错误。金涛把所有任务分成不同模块，这就相当于把复杂的问题由大化小，然后几个人负责一个模块分头验证，再把所有验证结果统一汇总，这样一来速度可快多了，相当于从技术方面提高工作效率，这和现在的结构化编程有点儿类似。

金涛带领团队成员把10天的工作量硬生生压缩到5天，时间的紧迫，加上前期多次失败对成员自信心的打击，导致他们有点儿过分紧张，接下来的工作总是反复求证，确保一定正确了才敢接着往下做，这个过程花费了很长时间。

虽然过程是曲折的，但好在结果还不错，奥迪B6项目经历了一波三折后总算是如期完成，金涛没有辜负同事和领导对他的信任。但这次经历给了金涛一个永生难忘的教训，也让他深刻认识到不管会或不会、做过或没做过，对技术、对工作都要永远怀有一颗敬畏之心。

⊙ 2014年2月，金涛在劳模创新工作室安装实验台

第五章　宝剑锋从磨砺出

远渡重洋求新知

2004年，一汽–大众迎来了革命性产品——奥迪C6，即奥迪C级第六代车。之所以说它是革命性产品，最重要的原因是，一汽–大众在这款新车的制造过程中使用了许多新型工艺，这对于一汽可以说是一次脱胎换骨的技术大升级。

比如，在焊接方面，奥迪第一次在车身位置使用激光零间隙焊技术。所谓激光零间隙焊技术，就是用激光的高温熔化铜料，再把铜料与板材粘到一起。与传统点焊工艺不同，激光焊可以使两块钢板之间的分子层达到相结合的程度，也就是焊接后可以使二者衔接成一整块毫无缝隙的板材，焊接质量比用传统焊接方法要好上许多。激光焊接比点焊牢固，将激光零间隙焊技术应用到汽车生产方面，极大地提升了车身的结构强度，让汽车在遇到强力撞击时不易变形，使其安全性得到进一步提高。

这些新技术对于整个一汽来说，也是大姑娘上轿——头一回。为了完成好奥迪C6项目，一汽–大众派遣生产一线骨干和技术人员，到德国大众汽车集团，接受为期42天的学习培训。焊装车间作为整个项目最重要的车间之一，自然也要选派骨干参训。2004年6月，技术高超、学习能力又强的金涛被公司派往德国大众汽车集团学习最

⊙ 2004年9月，金涛在奥迪C6项目车间进行零间隙激光焊工艺操作

新的激光焊技术和质量优化的管理模式。他与另外三位伙伴收拾好行装，在整个车间的殷切目光中，一同踏上了第一次远赴德国之路。

来到德国，四个同事被分配到三个不同的专业学习，其中金涛学习的是激光零间隙焊技术。因为学习的专业不同，四人自然被分开，去往不同的厂房，由不同的师傅带领。只有每天晚上回到宿舍以后，大家才能聚在一起讨论一下今天学习了哪些内容，还有什么不会的地方。他们需要每天写篇日志，详细记录当天的学习内容。对于理科生金涛来说，完成这篇日志真是他一天中最大的挑战。

进入德国大众汽车集团的车间，大家才体会到身为"外国人"的不容易——听不懂人家在说什么。老师讲课用德语，同事交流也用德语，真正会说英语的德国工人少之又少。就算有那么几个，英语水平也只限于在日常交流层面。虽然在这之前金涛已经有意识地开始学习德语，但日常交流和涉及大量专业词汇的工作对话有很大不同。而现场的翻译员中文专业技术水平又很有限，许多专业性强的术语都口译得不准确，还会时不时自己"发明"一些奇奇怪怪的词，听得金涛他们一头雾水。

好在出国之前，金涛就预料到可能会出现这种尴尬的情况，早早做好了准备。那时候电子词典还很少，只在一些大城市的个别商店里才有售。一位同事听说北京有德语的电子词典，为此千里迢迢地专程跑了过去，结果还没买到。金涛则比较幸运，他跑遍了整个长春市，终于找到了一本纸质版德文《机电工程词典》——这也是当时这个书店唯一的一本。在德国学习期间，四个人就靠着这本词典艰难地理解德语技术资料，常常是你用完我用、我用完他用，这本词典几乎没有一刻被闲置。而每当出外学习时，金涛就把这本足足六斤重的词典背在身上，现用现翻。

金涛从前掌握并一直使用的是点焊技术，而激光焊在当时还是十分前沿的技术，金涛只是听说过，但从来没有见过，操作更是无从谈起，更不用说对整个激光焊系统的工艺有多深的理解了。激光焊涉及的设备与工艺科目比较多，既有和激光焊密切相关的激光焊头应用技术，也有听起来关系不太大的光源、光路传输、现场总线程序控制、送丝系统，以及工艺和质量优化等科目，这些都是金涛需要学习的内容。

德国工业的精细程度，有目共睹，他们工厂内部的分工体系特别细致、严谨。大家各司其职，像国内汽车行业里"一专多能"的现象在那里是绝不会出现的。例如，他们的焊接头和光源能量设备，都有不同的工人负责维修与使用；和质量相关的激光焊和机器人程序优化也有专人负责，而这些是金涛一个人需要全部掌握的。

在42天里，金涛忍受着水土不服带来的不适，忍受着饮食不惯带来的痛苦。白天，他背着词典在德国工厂里到处跑，找不同的师傅学技术；到了晚上，他就和同事们一起消化当天的学习内容，另外还要挤时间恶补德语。那本厚厚的词典没过多长时间就已经被他们翻得破破烂烂，还有不明白的地方则需要再找翻译帮忙。就在如此之短的时间里，金涛和三位同事的德语水平可以说突飞猛进，尤其是对焊接专业词汇的听、说、读、写能力都达到了一个很高的水平。到学习的后期，金涛已经开始尝试着与德国工人们自由交流，因此，他也就能尽量多地向他们请教专业知识与技术经验。

德国工人的精细程度给了金涛极大的震撼，比如焊接两块钢板需要60秒，中方人员可能会觉得59秒就够了，或者61秒也可以接受。而这在德国工人看来是绝对不可以的，说要60秒就一定是60秒，一秒都不能差。不但如此，他们还会把很多时间花在一些看似无所谓的地方。比如生产某个零件，不单单要能做得出来、要保证质量，而且还要保证它的边边角角是光滑的，保证零件的美观性或者保证其不会产生划伤工人手的情况，其中很多都是金涛此前连想都不会去想的事情。德国工人对规范的严格遵守、对细节的把控让金涛十分佩服。

中德双方合资初期，一汽-大众尚处于发展前期，与德国大众这样的老牌汽车企业有差距。无论是在经验层面还是技术层面，两家企业都有着不小的差距。所以，合资时的生产、组装等工序都不得不由德国专家主导，我们辅助他们。他们也会教授一些经验和技术，但真正涉及核心层面的技术问题，是万万不会让中方技术人员接触的。看到德国工人的态度，金涛感到很失望。自此，他也在心里暗暗发誓：外国人行的，中国人也一定行，而且会更好。等着瞧吧，我们总有一天要超越你！

从问号到感叹号

原先德国专家对一汽-大众并没有抱多大的信心，认为即使教给中方先进的技术，我们也不能将技术运用到生产当中，更无法推广。因为相较于德国大众，一汽的生产条件要简陋得多：生产环境不稳定、工艺流程不细致、材料储运不规范等等，这些都是需要克服、完善的。再加上中国当时经济发展水平相较于发达国家还有不小的差距，参加过专业技术培训的工人也是少之又少。技术人员匮乏，让一汽-大众在与外方合作的道路上更加举步维艰。

德国的技术虽然先进，但不一定适应中国汽车工业的实际情况与中国消费者的需求。从德国回来后，金涛立刻选拔人员，组建团队，将整个激光零间隙焊工艺进行了本土化改造。

汽车的焊缝又多又长，不可能一次性完成，所以，在程序设定中，一直存在"分段焊接"的概念。但是，由于历史原因，各国的"分段"标准是存在差异的。这时，如何分段就是我们应该考虑的首要问题。西方国家与我们的分段方式不太一样，德国将焊缝分为首、中、尾三段，这样一来他们只需要设定3个参数就可以了。而一汽-大众的参数标准通常是23个，与德国标准存在的巨大的差异。若要改为德国标准，就相当于把整个工厂沿用几十年

⊙ 2005年9月，金涛（左一）和一同调试设备的德国技术人员合影

的程序从头到尾换一遍，这简直就是大换血。既然改"中国标准"的程序不现实，那只能改"德国标准"的程序了。金涛他们根据车身的匹配情况，对"德国标准"，包括程序跟零件状态都进行了一致性调整。其实修改过后的设备从系统控制看并没有原先完美，但生产出来的产品所达到的水准非常理想，所以对于中国来说，这就是最完美的，因为适合自己的才是最好的。

众所周知，德国人对工艺的要求到了几近苛刻的程度，我们生产的产品甚至都达不到德国人要求的缺陷报废标准。若按照德国大众"只要车身焊缝有缺陷，整车就得报废"的标准，工厂里报废的车身能绕着厂房摆上好几圈。当时，奥迪C6车身所用的钢板都是从日本、俄罗斯等国千里迢迢运来的两面镀锌钢板，价格不菲。有点儿瑕疵便整车报废，对于中国来说，不管是人力、物力还是财力都消耗不起。

金涛从反向思维考虑，既然一汽-大众的车身焊缝缺陷大多来自设备焊接时意外情况，那再焊一次把断的地方补上是不是就可以了呢？金涛把自己的想法告诉了团队成员，大家都很赞同。他们反复试验，经过无数次探索、失败、再探索，终于编写出一套完整的断焊后的补焊程序，让这些本被德国专家打入"冷宫"的报废车身再度"复宠"。

德国人认为这项技术是反常理的，经过二次焊接的焊缝无论怎样都不会有一次成形的完美，一定还会有缝隙。面对质疑，金涛从不申辩，只用事实证明自己技术的可靠性。当着德国专家的面，他将一台焊缝有缺陷的车身进行二次补焊，再一检查，全部焊缝竟然都合格了！德国人简直不敢相信自己的眼睛，赶忙问金涛是如何做到的，在他们看来，如果能够将这项技术带回德国，那他们每年的废品率必将大幅度降低。

金涛也不藏私，在征求了上级的同意后，将这个程序教给了德国专家。用过几次后，金涛觉得现在的程序还是太烦琐，每次都要手动去修改、调整。一条生产线上每天这么多车，一辆一辆操作也太麻烦了，于是他花了一周的时间对程序再次优化，化繁为简，实现了在操作面板上就可以进行断焊的补焊，又一次大大地节省了人力物力。

现在焊缝缺陷的问题是解决了，但焊缝偏差的问题仍然存在。由于焊接设备的焊头总是频繁地在汽车的左右方向做定位控制和侧向力控制，在经过一段时间的运行后，焊头回不到先前的位置，发生了不同程度的偏移，造成偏差。这一现象在车身垂直转角的焊接方面体现得尤其明显。

金涛查阅大量文献、资料，很快有了一些思路。他尝试着编写了一个程序，一个让焊头自动寻找到机械位置上初始点的程序，这样焊头每完成一次焊接都会归零后再进行下一次工作。如此一来，困扰德国大众多年的问题便得到了解决。这一程序的使用再次把德国专家看得目瞪口呆的，完全想不到那么多专家都解决不了的问题会被一个名不见经传的技工完美解决，他们表示很疑惑。对于这一点，有人问金涛是怎么做到的。金涛笑笑说："在汽车焊装这一专业领域我不是专家，所以更容易跳出固定思维模式的限制，是他们把简单的问题复杂化了。"后来，德国大众将金涛所做的这套改进方案写入了他们的程序文件。

金涛觉得德国的焊接顺序也有些许小问题，奥迪 C6 前端和尾端立面焊是 3 毫米，机器人很难完成在这么小的焊缝里形成一个 90 度拐角的精细动作。但如果反转原先的工艺顺序，即以极快的速度从反方向反旋转，相当于从前端向后端翻转 270 度，好像也可以。

为了验证自己的设想，金涛主持重新设计、编写机器人程序。他做了大量试验对程序进行优化，包括对各种工具、管线的改造以及改变焊接夹具形状的工作。这样的变化，既改变了焊接角度，使整个焊头翻转180度，又改变了焊接顺序，让两边都从前往后焊。金涛又做了许多次试验，试验到底几毫米的焊缝最好，最后发现还是奥迪C6的3毫米质量最好，而且焊接更方便，这方面，连德国大众都比不上。

金涛带领团队通过不断改进与创新，用一年多的时间消化理解掌握激光零间隙焊技术。从设备的运输到装卸，从第一辆车开下生产线再到批量生产，金涛全程参与其中。对中国工人这种勇于创新的态度，德方人员表示高度赞扬与钦佩。

德国专家惊叹于中国技术工人的实力与智慧的同时，对一汽-大众的合作能力有了更直观的了解。经过长时间磨合，中德双方彼此间的合作更加顺畅，德方开始相信我们能做到，甚至能做得更好，这也就逐步建立起了对我们技术的信任。一汽-大众的焊装工艺，实现了从问号到感叹号的完美转变。

激光焊接系统优化项目获得中国机械工业科学技术二等奖，

并且申请了专利。但金涛认为这个项目还不完美，仍然有改进空间。他把送丝管的长度一减再减，直至减到0.5米；调整了大家普遍不满意的焊丝包装规格，从两个工人都搬不动的150公斤大桶包装，换成一个人能拿好几个的15公斤小包装，这样不管是携带还是替换都要方便得多；输送距离过长也很不方便，6至7米的输送管道，周围不能摆放任何杂物，又长又容易损坏，金涛将它优化到1米长，大大提高了它的耐用性。激光零间隙焊技术向更高层次发展。

汽车博物馆的常客

德国是现代汽车的发祥地，是生产汽车历史最悠久的国家之一。自从1886年卡尔·本茨发明第一辆汽车至今，德国的汽车工业已经走过了130多年的发展历程。许多古老的汽车模型、已经"退役"的第一代、第二代汽车等具有纪念意义的实物，仍被完整地保存于德国各大汽车博物馆之中。

当我们思考德国汽车工业为何这样强盛时，其实他们的博物馆已经告诉我们答案了。德国汽车的品牌文化盛行，许多大牌汽车公司都有属于自己的汽车博物馆，那里有着这个品牌的前世、今生和未来，例如宝马汽车博物馆、奥迪汽车博物馆、奔驰汽车博物馆等。在这些博物馆里，既有它们的发展历史，也有最新的制造技术与车型，还有对未来车辆的概念设想，简直就是一座座超级汽车殿堂。

在德国学习期间，金涛最喜欢去的地方除了工厂便是各种汽车品牌的博物馆，尤其是辛斯海姆汽车和技术博物馆。辛斯海姆汽车和技术博物馆是欧洲最大的私立博物馆，有着堪称德国最完整的汽车收藏，并且和它的兄弟博物馆施派尔科技博物馆一样，除了汽车收藏外，还有航天技术、航空技术、军事机械、火车、农用车等大量珍稀藏品。

在这些历史悠久的汽车博物馆里，金涛看到了以前只有在关于汽车的历史资料中才能看到的车型，既有难得一见的经典款老爷车，也有还没有量产的概念车，各式各样、琳琅满目，让金涛每次都有一种流连忘返的感觉。尤其是在博物馆里还能近距离欣赏汽车的细节，更让金涛沉醉其中。在反复游览的过程中，金涛逐渐理解了德国的汽车文化，明白了德国为什么一直会站在世界汽车产业的最前沿且长盛不衰，明白了德国为什么能持续保持汽车制造技术的高速更新换代和持续创新，明白了为什么德国制造的汽车能在世界范围内拥有数不清的忠实拥趸。在金涛看来，这一切的原因都在于德国人扎实的技术积累与工人精益求精的严谨态度。他由此想到，与德国百年的汽车制造历史相比，一方面中国的汽车工业能在如此短的时间里取得今天这样辉煌的成绩，这绝对可以称为一个奇迹；另一方面，与世界汽车制造业强国相比，我国还有不小的差距，如何继承、发扬老一辈中国汽车人不畏艰难、一往无前的精神，自己这一代人实现赶超这些国家，是

⊙ 2004年8月，金涛在德国培训期间参观汽车博物馆

历史留给自己的大课题。如今，随着家用汽车需求量不断增长，中国的汽车市场规模在迅猛扩张，面对这样的历史机遇，自己和同行们唯有奋发图强才能对得起这个时代。所以，无论怎样艰难，自己和伙伴们都必须咬牙坚持，把最先进的技术带回祖国，让中国屹立于世界汽车制造强国之林！

再次赴德 "剑指" B8

2008年，金涛再次踏上去德国学习的道路。这次他参与的是一汽–大众的新项目——奥迪B8的生产，学习的是生产奥迪B8需要用的远程激光焊技术，这可比当年激光零间隙焊技术更复杂、更难学。金涛既要学习远程激光焊设备的使用方法，当设备出现故障时还要能维修，学成归国后还要费尽心思，想着怎样把这项技术融入一汽–大众的生产环节。一步一步，都需要金涛来把关、来拿主意。

这次去德国，金涛心里很有底气，他可以提出想法，也能发表意见，不再像以前只能当一个沉默的"观众"。这份底气来自于自信，而自信的基础，一方面是因为中国汽车工业通过这些年摸爬滚打，逐步掌握了属于我们自己的核心技术，不再一味地依附于他国；另一方面也是因为中国巨大的消费市场，在德国大众的出口贸易中所占的比重越来越大，让熟悉中国市场的中方人员有了更多的发言权。"上次我们与德国在技术上的差距有十几年甚至几十年，现在可能只有几年了。"金涛自豪地想。

这次在德国还有一个小插曲，让金涛印象深刻。公司派领导来看望这批驻德学习的员工时，跟他们分享了一个极有意思的事情。一位在一汽—大众任职的德国高管，前几天请朋友们吃饭，庆祝他的小儿子被奥迪公司录用了。在德国人看来，能去奥迪汽车公司工作是很光荣的事情，只有汽车行业的佼佼者才有这个资格。即使是从技校毕业进入奥迪工作，以后也有极大的上升空间，可以通过进一步学习，拿到更高的学历。大众、奥迪的许多高管、专家、高级技师都是从技校毕业的，如今都有了非常好的发展前景。

这件事让同是从技校走向社会的金涛深受触动，联想到自己的母校，现在已经是无数人挤破头也想进去的地方，怎能不让他信心大增呢。现在，他感觉动力十足，对自己在自动化领域的未来有了更高的期许。

精进不休甘自来

2005年以来，激光焊技术一直在不断向前发展，不论是德国大众还是奥迪公司都在努力把激光焊技术向汽车制造的纵深领域推进。

奥迪B8项目首次提出改变光源结构这一想法，将原先通过灯管布光的激光设备变为通过LED布光。金涛知道，由电到光的转变将会是一个极其困难的过程，但如果成功，不论是对环境保护还是效率转化的提高，都具有极其重要的价值与意义。将光能转化率足足提高了2.5倍的设备用好，制造出完美品质的车身，在金涛团队几百人坚持不懈的努力下实现了，这是金涛的成功，更是奥迪的成功。

就自动化方面而言，金涛发现大多数机器人都是独立控制，走到哪就干到哪，给出一个指令才会去完成一个动作，非常不方便。结合查阅的资料，他提出奥迪B8项目可以使用协同控制的方案，让机器人在运行的同时，还控制着激光的反射位置，通过不同机器人间的相互协同弥补独立控制的弊端，提高生产效率。

奥迪B8项目还用到了最新的激光打点技术，短促的脉冲激光打到工件表面上，会产生约0.2毫米的小凸起。金涛起初不明白这些小凸起有何作用，查找大量资料，又请教了不下5位老师傅才知道，这些凸起其实是一个个用来"呼吸"的小孔。奥迪车身所用的防腐蚀钢板表面镀锌，而锌的熔点远低于铁。焊接是要熔化铁，但这时的锌早已挥发，且产生大量气体。这些气体无处可去，只能从中间被熔化了的熔池中溢出，这样焊好后的钢板便会有许多小气泡，大大影响了钢板的强度，使它脆弱易折。用激光在钢板两侧打点，可以让气体顺利排出，这样便不会降低产品品质。金涛恍然大悟，忍不住地感慨能工巧匠们的智慧。

2011年，金涛参与的奥迪C7项目再一次创新了激光焊接的方法，第一次采用铝激光焊接。乍一看，它与奥迪C6激光零间隙焊的焊头非常相像，似乎并没有什么大的改变。求知欲旺盛的金涛翻了许多资料才知道二者的不同。第一，铝激光焊接对所需功率要求更高；第二，它对能量聚集的要求更高，激光需要经过汇流器的加工才能使用；第三，它的焦距有变化。虽然使用要求较高，但相较于铜和铁，铝的密度低，强度高，热导率高，电导率高，耐腐蚀能力强，具有优良的物理特性和力学功能，是比铜、铁更理想的焊接材料。

面对着新来的铝激光焊接设备，金涛琢磨半天，光知道它先进，却一直没发现先进在哪里。一直把说明书向后翻到产品介绍那页，金涛才恍然大悟，哦，原来是光源不同。激光零间隙焊设备的激光器发出的光是在两个镜像之间振荡，从而产生固定频率光；铝激光焊接设备的激光器后多了一个汇流器，它可以通过二极管将多个来回振荡的分散光源汇聚成一束强光，就像舞台上好几个追光灯同时照在一个人身上，那能不亮吗？这种加了汇流器结构的激光器，直接把奥迪B8项目里10%的光能转化率一下子提高到了20%至30%。金涛苦苦研究多时，终于弄懂了铝激光焊接设备的原理，也能熟练掌握它的使用方法，再次实现了技术上的突破。

2017年，奥迪C8项目的启动让激光焊技术再一次进入革新阶段。金涛带领团队日夜奋战，改变以往将铝丝熔化到熔池里再黏结上下层板材的传统焊接方式，而是通过激光在上层板材和下层板材边缘振荡，将上下层板材黏结到一起。振荡激光焊的优势在于它通过延长焊接长度来增加强度，在生产过程中不需要反复填充材料，大大节省了团队的工作时间，提高了工作效率。在这个过程中，金涛的经验和技术也都得到了极大的丰富和提高。

 第六章　长风破浪会有时

外国人行的，中国人也一定行

2008年，在新款奥迪车刚刚投产的关键时刻，重要的进口辊边压合模具变频驱动电机设备突然罢工，导致新产品不得不停产，打了金涛和他的同事们一个措手不及。从国外再发一台新设备需要经过质量检测、打包装箱、长途运输等诸多环节，加上这台设备不仅价格不菲而且搬运不能有丝毫磕碰，所以根本禁不住暴力运输的颠簸，短期内无法到货。德国专家和中国技术人员紧急召开会议，研究讨论后发现，即使采取最快的临时方案也至少需要停产一周左右。在这个关键的时候，时间就是金钱，每多耽误一秒都是一笔不小的损失，停产一周会让一汽-大众损失上亿元。

大家都说这是一个没办法解决的问题，可金涛偏不信邪，他觉得一定还有补救的办法。经过多次到现场实地考察、研究后，他大胆地提出了一个从未有人想到的方案：在目前可以获得的国产设备的基础上进行改造。在金涛看来，国产设备虽然不同于进口设备，但只要找对了方法，改造过程用不了太长时间，这样就可以大大缩短停产时间，将损失降到最低。方案一经提出便立刻遭到了德国专家的否决。他们认为进口设备的技术标准极高，在中国国产设备上进行改造是天方夜谭，即使改造成功，这种替代设备不但会造成生产线的生产能力下降，而且还会使产品质量大打折扣。为了阻止金涛实施改造方案，他们甚至放出话来，如果一汽-大众不听劝阻一意孤行，那么所造成的一切后果都将由中方自行承担，他们不会帮忙善后。

经过慎重考虑，金涛最终还是选择放手一试，他觉得，不管结果如何，至少我们努力过，总比坐以待毙强得多。他向工段长主动请缨，肩负起设备改造负责人的重担。工段长很支持金涛，给了他一块"免死金牌"，意思是即使最后没有达到预期结果，金涛也不用对此负责。领导的信任与支持给了金涛莫大的鼓励与信心。

从改造电机减速器，到修改参数设置，再到控制程序调整，每一步每一个环节金涛都亲力亲为。他始终没有离开改造现场一步，不是查找资料，就是亲自调试。经过不眠不休的二十余小时连续奋战，金涛终于设计出一套可行的设备改造方案。他根据德国的压合模具变频驱动电机的原理，在国产设备上重造了一套驱动控制系统，最终与德国线体完美对接，实现了不同次元上的联动。新设备上马后不但原来生产得以迅速恢复，金涛还在改造的基础上，实现了原有设备的一次更高水平的技术升级，并重新制定标准的质量调整方法，使得原本进口设备上经常出现的机械断裂的情况再也没有发生过——这曾经是一个长期困扰生产线的老大难问题。

金涛遇事冷静，决策果敢，面对质疑不怯懦、不退缩，碰到棘手的问题力求根治，不留下一丝遗憾的态度，给外国专家留下

⊙ 2008年2月，金涛（后排左二）在奥迪A6L项目改造期间调试机器人

了深刻印象，他们一方面觉得金涛是不可捉摸的，一方面又不得不敬佩这位中国工匠的胆识与技能。自此，新型设备的调试使用与故障维修由原来的外方主导，慢慢向中外双方合作探讨转变。金涛凭借"外国人能做到的，中国人也一定行"这一信念，成为人人称赞的能工巧匠，被外方专家称为"魔术师"。

在十几年的时间里，金涛一直紧跟国际汽车制造工艺的发展前沿，紧盯汽车制造领域内最尖端技术的发展趋势，不断更新自己的知识体系，主动学习，前瞻思考，先后攻克了机器人阵地连锁控制等百余项尖端技术，为8款高端轿车的投产、改造、升级保驾护航。特别是他指导改良后的激光焊技术，在中国自主品牌红旗汽车车身的首次应用便取得重大成果，使红旗汽车车身的结构强度以及外形观感跃升到了一个崭新的阶段。金涛以培训、指导和联合攻关相结合的方式，全身心投入汽车自主品牌工艺升级，在该领域做出了突出贡献，向世界展现出中国"智造"的独特风采。凭借这些成绩，30岁出头的金涛被业界视为中国汽车制造行业工人中的技术明星。

让技术持续创造价值

"一定要让技术持续创造价值！"这是金涛常说的一句话。

2010年，中德全球同步上市奥迪A6L汽车。该款车型首次在车身位置应用了新型的顶盖零间隙钎焊技术，这是又一次对激光零间隙焊技术进行的重大革新。但是，与此同时，一个重要技术难关也摆在生产一线人员的面前：与此前的工艺相比，该技术虽然具有种种优点，但是它要求产品质量的容错率极低，甚至它的施工质量还要受到诸如车身尺寸的稳定性、零件清洁程度、设备参数、填料状态等30多种因素的影响，换句话说，但凡其中一个环节存在哪怕一丝一毫的偏差，焊缝质量都达不到标准。

在德国，生产顶盖采用的是全自动生产线，生产过程中的装配精度误差可以精确控制在 0.2 毫米的范围内。但即便是这样的精度，依旧不能保证顶盖焊缝质量的稳定，而这一直是生产过程中的难点。在国内，该款汽车的生产用的是局部全自动生产线。这种生产线更容易受到人为因素的干扰，并且其所需进口零件要经过 15 天以上的陆运、海运才能运抵生产车间。在运输过程中，一点儿小小的磕碰都会导致零件尺寸波动，这无疑对无缝焊接技术施工造成了巨大的影响，严重时，甚至可能会直接导致整车报废。

德国专家在设备调试过程中，始终无法突破这一技术难题，不仅造成了大量原材料的损失，还导致项目严重拖期。中德双方的管理人员非常重视，经过慎重的研究讨论，他们决定让刚从德国学成归来的金涛牵头负责这个难度极高的项目。德国专家虽然很熟悉这位年轻的中国伙伴，但他们也知道，这一全球最新技术所面临的难题并不是仅仅靠过往的经验积累就能顺利解决的，金涛还需要超乎寻常的智慧与上天眷顾的好运气——外国专家们对于这次他能否顺利完成任务一直持怀疑与观望的态度。

　　知识领路与技术积累是解决问题的不二法则，金涛带领团队一头扎进书山文海，学习、研究、试验，连续10个月的努力总算让他们找到了方向。

　　金涛团队创造性地提出将整段焊接轨迹进行分段，实现对每一小段的精细化控制，也就是化整为零。同时，他们对焊接激光器轨迹位置进行动态测量和纠偏，创造性地研发出"激光焊间隙补偿法"和"激光焊位置补偿法"。这两项技术的结合，不仅使焊缝的质量有保障，而且焊接位置也不会再出现偏差。

　　为了成功的这一刻，金涛连续工作了整整76天，期间始终未曾休息。据后来同事们回忆，他每天待在工厂至少12个小时，即便回到家也还要查资料、看文献。在这期间，金涛与未婚妻喜结连理，但是他一天婚假都没有休。他的父亲金凤国调侃他：结婚那天你能去现场，就是你对这个家做的最大贡献。婚礼当天金涛当然出现在典礼现场，但是刚刚脱下礼服，他又急忙回到了工作的第一线。

　　此次改造的成功实施，彻底解决了零间隙钎焊质量不稳定这一世界性难题，使奥迪A6L整车一次性交检合格率由原来的73%提高到现在的99%，焊缝返修率从8%下降到1‰，为公司节约800余万元。特别是金涛设计出的"零间隙钎焊轨迹补偿程序"，填补了奥迪的技术空白，同类技术在德国的运用已经是大约半年以后的事情了。这些成绩，让中国车身激光焊缝的质量达到了全球领先水平，许多国家、地区在此之后都提出了与我们合作的意愿。

　　2010年9月11日，金涛改良的"激光钎焊质量优化工艺"在全

⊙ 2011 年 9 月，金涛（前排左一）在一汽-大众新奥迪 A6L 项目现场进行铝加工技术测试

国第十九届发明展览会上荣获金奖,并获得国际发明者协会
(IFIA)颁发的"最佳创新发明奖",年仅30岁的金涛得到评委
们的一致赞誉。

敢于创新的"主刀医生"

在困难面前,金涛总是一往无前,他的每一次攻关,都是在
"洋设备"里植入"中国基因"的成功挑战。他乐于创新,并且
敢于创新,用创新将奥迪汽车的生产带入了更高水平。

奥迪A6L汽车一进入市场就获得了客户的广泛好评。为了进一
步提高产品质量,一汽-大众准备在提高产量的同时进行换型改造
和新能源混合动力车型共线调试。设备升级便会导致停工停产,
免不了会有损失,只有在现阶段日产至少增加30台,才能稍稍弥
补即将到来的损失——金涛又要开始新一轮的忙碌了。

对于设备再次改造升级,德方专家的意见是:增加投资1 400
万元,增加人员100人。这对于一汽-大众来说,简直就是天方夜
谭,中方果断拒绝了这个提案。但设备升级总要进行,金涛又一
次临危受命,接下了这个"烫手山芋"。他每天休息不到8个小
时,从重新规划工艺布局开始,不断挖掘设备潜能。有时为了某
一步骤能压缩一秒,他就要重新编写上百个程序。

金涛以背水一战的姿态完成了进口线体的自主改造,经过改

全国发明展览会
NATIONAL EXHIBITION OF INVENTIONS

获奖证书
AWARD CERTIFICATE

项目编号：A001　　　　　　　证书编号：1901001

发 明 者：金涛

完成单位：一汽－大众汽车有限公司

项目名称：激光钎焊质量优化工艺

　　该项目在第十九届全国发明展览会上荣获 **金奖**，特颁此证予以表彰。

⊙ 2010年9月，金涛改良的"激光钎焊质量优化工艺"在第十九届全国发明展览会上荣获金奖

造后的设备批量生产效率提高近10%、减少新增人员投入90%、节省改造费用超过1000万元，这次改造创造了中国汽车新奇迹！

C7项目的护航者

铝材料作为车身材料，具有质量轻、强度高、节能减排、回收利用率高等诸多优点，不但响应了党中央关于绿色发展的号召，而且对我国制造强国战略的实施具有重大意义。但作为一种新材料，尤其是一种一汽–大众尚未使用过的新材料，在大批量生产中如何控制质量、如何建立新的生产流水线都是新的难题。

2011年，奥迪C7项目正式启动，铝制工艺的运用是其最大的特点。从钢制车身到铝制车身，对于金涛所在的焊装车间而言，可不是一字之差那么简单。

铝制工艺的替换主要有两个特点，一是在减震装置中承担车身重量的弹簧腿变成了铸铝件；二是四个车门也都使用铝材料制造。铸铝件质量轻强度又高，是制造汽车极好的材料。

为了支持铝车身的应用，仅焊装车间就从国外引进了多达15种新设备以及10种新工艺。也不知道是不是这些"洋设备"头一次来中国，水土不服，一系列大大小小的问题接踵而至：铝件激光焊接焊缝质量非常不稳定，返修率奇高；铝件涂胶工艺质量不达标，关车门稍一用劲车漆便大块脱落；铝件加工过程中有铝屑脱落，时常造成设备运行卡壳；铝套铆接设备既容易发生故障，生产出的产品缺陷率又高等。但是外方只负责提供设备，并不提供设备相应的技术支持与服务。对着这些工作时间还没有维修时间长的"家伙们"，金涛真是看在眼里，急在心上。

这一次，金涛仍旧没有轻言放弃，在领导的支持下，他再一次接过了重担，召集车间里技术最好的一批同事，共同攻克这个难关。这个几乎全部由党员组成的团队，在接到任务时没有一丝一毫的犹豫，当天就把衣服被褥、洗漱用品搬到了工厂，原本空旷的临时休息室瞬间被填满。

人世间没有从天而降的英雄，有的只是挺身而出的普通人。从接手项目开始，他们几乎没有了工作以外的多余时间。金涛原本和儿子约定，他第一天去幼儿园要亲自接送他，但因为这突如其来的任务，金涛再一次对儿子食言了。他其实很少参与儿子的成长，晚上紧赶慢赶回到家，儿子已经睡着了；早上天不亮他就要走，儿子还没醒。金涛只能悄悄走进房间，亲亲儿子软乎乎的小脸蛋，默默说一声再见。妻子告诉他，儿子每天晚上都会扒着窗台看爸爸回家没有，一直坚信"男儿有泪不轻弹"的金涛不禁悄然落泪。从牙牙学语到蹒跚学步，金涛缺席了太多儿子成长中的重要时刻，这些是他一辈子的遗憾。可是一旦忙起来，金涛根本无暇顾及家人，更没有心思去理会第一天上幼儿园的儿子在不得不和妈妈分开时，哭得有多么撕心裂肺。

在这个团队里，不只是金涛牺牲了很多，团队的每一位成员都在默默地付出、奉献着。团队成员平均每天工作超过15个小时，除了吃饭睡觉所有的时间都花在了这些设备上。团队里最小的成员刚谈对象，女朋友一见他工作起来如此不要命，竟然连夜和他分了手。作为团队领导者，金涛的压力更大，每天趴在冰凉的设备上反复研究，差点儿把腰椎趴变形。因为太累，趴着趴着睡着了是常有的事，就连梦里他还在跟设备们"吵架"呢，直问它们为何这样复杂！心里有事，睡觉也不安稳，金涛常常在半夜惊醒，若还有睡意便再眯一会儿，清醒了就爬起来接着看图纸。他们将自己关起来"修炼"，不为"成仙"，只为中国汽车能够迈上一个新的台阶。

金涛团队要面对的困难比想象中的要巨大得多。其中，最为要命的是团队成员对于相关核心知识的了解程度几近于零，金涛只能带着他们一点点摸索。努力终于有了回报，他们通过对激光焊接系统新一轮优化，稳定了零件尺寸与焊缝质量，同合作厂家积极交流，配合新胶料的试验工作，确定新胶料的设备参数，并且更换铝件冲铆螺母的冲头，时常清洁铝套。只有一个问题始终难以克服——铝件脱屑，这将会是此后金涛面对的一个重要挑战，解决它尚需时日。

除了攻关上述技术难题，其实金涛心里还是觉得有些忐忑不安，他担心还会出现一些预料不到的新问题，所以在闲暇时，总是关注着生产过程的其他环节。即便如此，金涛的担心还是发生了。

2011年3月初，两台冲连螺母设备在调试中铆杆断裂，新铆杆只能从德国大众工厂直发，光运输就要长达两个月的时间，奥迪C7项目即将面临停产。千钧一发之际，金涛又一次站了出来。对于新出现的这个问题，金涛在很早的时候就有了某种预感，甚至潜意识里一直在勾勒问题出现时的基本解决思路。问题出现后，他经过与团队成员的共同探讨，最后决定在24小时内完成对四个机器人自动工位以及国产铆杆设备的工艺改造，改造后的国产铆杆竟与冲连螺母设备意外地契合。就这样金涛团队成功保障了奥迪C7项目的顺利进行。

此外，金涛与其他技术专家共同商讨，打算制定一份有关铝材料质量优化的标准方案，并制定一份指导性文件，以填补一汽-大众在这方面的空白，为今后铝材料的广泛应用、质量问题的解决做出长远规划。

他们还同一汽培训中心展开合作，组织成立了铝加工技术技能站和铝压合实验基地，邀请国内外铝加工方面的专家进行现场授课、一对一指导。这次合作培训了专业技术人员超过200人次，开展技术拓展培训会近1 500场，为铝加工工艺的进一步发展储备了大量人才，同时也为后来"金涛劳模工作室"的建立打下了坚实基础。

难啃的硬骨头

出现的问题不解决就会永远搁置在那里。金涛始终没能"啃下"的铝铸件脱屑这块硬骨头，成了他的一块心病。

⊙ 2011年9月，金涛（左一）在为同事们做技术指导

铝铸件加工最常用的一般有两种方法：一种是通过物理变化，把材料机械变形然后连接的铆接工艺；另一种是经历化学变化的激光焊接工艺。铆接过程时常会发生剐蹭，造成工件表面铝粉脱落。虽然有时脱落的铝粉不会掉下来，而是仍然附着在加工件表面，但仅是附着并不牢固，对工件进行二次加工时铝粉便会被粘下去。这就会使生产出来的产品显得很奇怪：这块儿有铝粉，那块儿没铝粉，表面坑坑洼洼。加之铝制工件容易出现裂纹，后续再喷漆也无法弥补，影响车身整体光滑度。

找不到根治的办法，金涛只能先对铆枪的对中性、铆接参数及机器人轨迹进行优化，以减轻铝屑对设备运行的不利影响。通过长时间观察与缜密思考，金涛尝试着提出两种方案解决这个问题。

第一，尝试在铆枪和工件之间加入异丙酮有机溶剂进行隔离。这样不需要改变已有自动化工艺，只需加上一个小设备就行，操作起来简便快捷。但是异丙酮属于微毒类化学溶剂，在高温环境下蒸发出的高浓度气体对人体具有明显的麻醉作用，这对操作人员的眼睛、呼吸道黏膜都会造成很严重的刺激，甚至会损伤视网膜及视神经，且异丙酮有机溶剂中含有的某些化学成分会损伤设备，导致设备维修成本大大增加。其实在这个方案提出时金涛心里就直打鼓，他打心眼儿里不赞同这个办法，但是作为一种解决思路又不能不提出来。最后大家一致否决了这个方案。于是，可供选择的方案就剩下最后一个选项了。

由于油脂本身具有较强的延展性，可以帮助铝铸件成形，所以第二个方案就是冲压车间在冲压时，便用油脂做隔离。但这需要重新规划工位功能，因为原来机器人划分的安全区正好在中间，这一方案的实施会占用它的工作位置，所以只能从中间再分一个区出来，这样机器人工作时不会影响工位节拍。

"虽然第二个方案技术含量更高、更复杂，可毕竟安全且损失小啊，厂里资金不多，每笔钱都要花到刀刃上！"工段长语重心长地说。毫无疑问，如果实施这套方案，任务的责任人除了金涛没有第二个。金涛欣然接下了任务，用他的话来说，"干就干到底，送佛送到西"嘛！

金涛咬紧牙关，再一次近乎完美地落实了方案的各个环节。任务完成后，车间的生产取得了惊人的改进，新技术不仅提高了工作效率，而且大大降低了加工成本。据保守估计，即使加上清理成本和返修件成本，一年也能省下来几十万。金涛也因此被工友们亲切地称为"省钱小能手"。

新技术　新挑战

2018年，38岁的金涛已经是焊装一车间维修工段的工段长，经过多年发展，他的团队已经拥有了53名精兵强将。在他的带领下，他们战胜了一个又一个困难，闯过了一道又一道难关。但在这一年，金涛遭遇了入职近20年来最大的挑战。

奥迪C7即将进行产品升级换代，原先的设备都要撤走，为随之而来的奥迪新能源车的新生产线、新设备腾出位置。但奥迪C7项目使用的大多是进口焊装设备，生命周期至少还有5年以上，这也意味着这些设备还没到退役年限就将被遗弃。看着大量仍处在使用期内的昂贵设备，金涛实在不忍心让它们提前"退休"，他决定对奥迪C7的7条生产线进行跨代升级。

德国专家听到金涛这个大胆的想法，禁不住一个劲儿摇头说"NO，NO，NO"，在他看来，连德方都没有信心完成这样大规模自主执行维修、保养、改造的项目，就凭中方的技术水平与硬件设施，无异于天方夜谭。可是金涛决心放手一搏，义无反顾地投入生产线的改造中。

他以团队的53个人为骨干，每人带领几名一线员工，深入挖掘每台旧设备的潜力。例如，新设备与旧线体存在电气标准差异，金涛就带领技术人员对外国标准进行适应性改造，开发出中国版电气标准，成功突破旧线体重复利用的瓶颈。

金涛带领团队依靠自己的力量完成了这一巨大工程，成功利用上千台旧设备、旧备件，为公司节约的成本超过5000万元，并让许多仍能正常运行的旧设备继续活跃在新产品制造的生产线上。

忙完这些工作，将批量生产以及后续任务交给其他人后，金涛就开始考虑起大众汽车集团正在筹划的纯电动车项目。

原油是一种不可再生资源，每开采一点就少一点，这也导致国际原油价格在总体上一直保持稳步上涨的趋势。正因如此，社会上存在"买得起车，开不起车"的抱怨声。在这种情况下，传统汽车行业发展受阻，国产汽车市场也陷入低迷。于是，人们将期待的目光投向新能源车。虽然在传统汽车领域，中国落后于美国、德国等世界领先水平，但在新能源汽车研发和生产上，我们与世界处在同一起跑线上。

电动汽车与传统的燃油车相比，不仅仅是动力能源不同那么简单，从车身构造到内部生产工艺都要改变。

电动车铝件的使用量比一般汽车要更多，因此电动汽车项目新导入了铝电焊和摩擦焊两种新工艺。这两种技术，金涛团队都没有经验，尤其是摩擦焊，在整个亚洲都属于第一次应用，如果成功就意味着创造了亚洲历史。虽然任务艰巨，但团队有信心助力一汽成功迈出向新能源汽车转型的关键一步。

第七章　"老"师傅的新课题

创新工作室：金涛的新起点

一汽-大众一直以来的企业精神是学习、进取、合作、创新，金涛多年来的行为准则与其不谋而合。他从2000年刚进厂的懵懂青年，一步步成长为焊装车间维修工段工段长；从只能做设备清洁、润滑、保养工作的学徒工，成长为一名汽车焊装领域的技术专家，这一切的一切，都离不开他的不懈努力，他的大脑就像济公永远装不满的酒葫芦，一直在源源不断地汲取知识。回顾金涛20多年的工作生涯，他始终与一汽-大众共同发展，与中国车身焊装技术共同进步。

从参加工作开始，金涛先后参与了奥迪C5、奥迪C6、奥迪C7、奥迪C8、奥迪B6、奥迪B7、奥迪B8、奥迪C-BEV八个项目的建设，这些全是一汽奥迪的重点项目，几乎每一个新车型的问世，都伴随着多项技术的革新。金涛始终坚守在焊装一线，这让他有机会第一时间接触到整个一汽-大众乃至全国最前沿的车身焊装工艺，这也给了他学习新知识、了解新设备的机会。

但许多工作并不是仅仅依靠金涛一人或几个人就可以完成的，如何将这些新技术传授给更多工人，如何培养更多高层次的

⊙ 2010年10月，金涛（中间）给徒弟们讲解自动化设备的程序

技术人员，将一个人变为一个团队，是金涛亟待解决的问题。

2010年，金涛接手了将零间隙钎焊技术应用于奥迪车身的项目。要完成这个任务，只凭金涛一个人忙碌显然是不够的。为此，他向车间领导申请成立一个实验室，以便召集更多有能力、有意愿的同事加入其中。

因为时间紧迫，车间领导简化审批程序，同时给予金涛实验室人员选聘自主权，从而为新项目的研发提供了制度保障。金涛选择的第一批实验室成员大多是党员，这让许多人产生了质疑，认为他不相信普通群众。他解释说：我不是对普通群众有什么偏见，而是成立实验室这件事对焊装车间、对我来说，都是开天辟地头一回。不管项目结束后这个实验室能不能再办下去，前期的筹备、策划工作肯定都是一个异常艰苦的过程。他们既然能够光荣地加入党组织，那么不管在技术层面还是思想层面一定都是拔尖的，这样可以为今后的工作打下一个良好的基础。底子打好了，今后实验室才能茁壮成长下去。

在车间领导的支持帮助下，金涛实验室于这一年3月挂牌成立。他们用半年的时间成功改良"激光钎焊质量优化工艺"，取得了巨大成功。至此，金涛实验室才算是真正在焊装车间立住了脚。2011年，实验室成员又参与了奥迪C7项目的建设，并在其中担任骨干，这让金涛实验室的名字在整个工厂尽人皆知。这个实验室就是后来金涛工作室的雏形。

2012年，金涛荣获全国五一劳动奖章，让金涛实验室再一次名声大噪。从北京回来后，金涛结合十八大工作报告以及一汽-大众的现实情况进行了更加深入的思考：在他看来，随着技术的进步、先进设备的增加，焊装车间逐渐出现了人才短缺和创新力不足等问题，致使新技术、新设备的优势无法快速释放。实验室虽成效显著，但对于整个焊装车间来说仍然是杯水车薪，解决不了根本问题。基于此，金涛向上级申请扩大实验室范围。于是，金涛工作室诞生了。

传道授业结硕果

2013年对于焊装车间来说是不同寻常的一年，产品升级、员工数量激增，原本只生产捷达和宝来两个车型的焊装一车间增加到多个车型，随之而来的是诸多问题被暴露出来。焊装车间人员规模最巅峰的时候达到了近6000人，但是技术骨干的比例却并不是很高。事实上，当时很多人技术能力还停留在原来的工艺装备水平，无法快速适应陆续引进的新设备要求，换句话说，车间里的工人看起来数量不少，但真正能上岗的不多。而就在此时，一汽-大众又引进了许多新设备，各种设备对工人技术能力的要求都很高，单一个车型的机器人就从三十个一下增加到四五百个。新

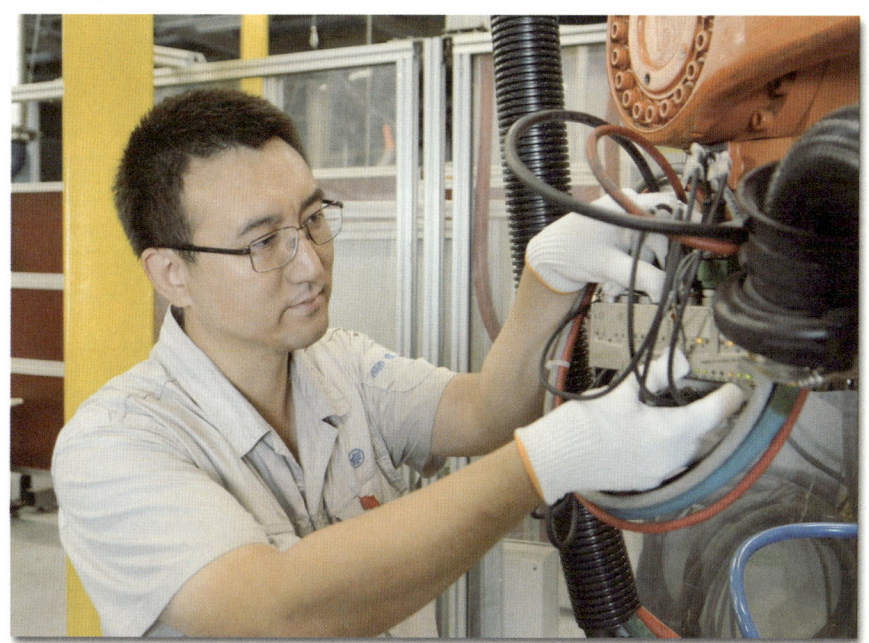

⊙ 2013年3月，金涛在劳模创新工作室调试设备

技术要学，新设备要适应，对车间来说面临巨大挑战。

在这种背景下，经过三年的摸索与筹划，在各级党委和工会的支持与鼓励下，金涛实验室于2013年正式改建成以金涛名字命名的劳模创新工作室。工作室以"造高品质汽车，育高技能人才"为创办理念，围绕人员培训、技术转化、技术创新和技术攻关四个维度展开工作。

尽快培养一批高质量技术人才，让他们接手新车型和新设备，是金涛工作室的头号任务。凡是加入工作室的年轻人，金涛都尽己所能给他们提供最好的学习环境与学习条件。金涛结合自己多年实践经验，将新技术的要求融入其中，同几位经验丰富的老师傅一起制定了一套课程体系，其中既包括基础知识的巩固，也有对新技术的拓展。他们前前后后共开设了121门课程，其中有60多门课被一汽-大众总部的培训中心认证，此后在整个公司范围内推广。金涛还利用自己多年积攒的人脉，邀请国内外不同领域的专家进行线上或线下教学，又聘请多位专业培训师对学员们进行一对一指导，力求能以最快的速度使学员们达到能力要求。

培训人才不是照本宣科地只教书上的"死"知识，开设课程也不能按照学校里的那一套来，他们需要将繁杂又琐碎的知识点转化成有条理的系统知识教给学员们。

金涛刚进工厂上班时就意识到学校教授的知识与工厂里的实践操作存在很大的差异，甚至存在着严重的脱节。就拿自动系统控制标准和工艺设备维护和质量优化方面的知识来说，二者的差异简直是天壤之别，学校里学的知识体系和工厂知识体系根本衔接不上，这也给当时刚刚参加工作的金涛带来了很多困扰。后来经过长时间的摸索，金涛才将二者融会贯通。所以，他不想让年轻人步他的后尘。他要用自己多年积累的经验为学员们的成长、成才铺就一条坦途。

与学校有体系的知识不同，工厂里能学到的知识大部分都是碎片化的，庞杂而凌乱，很容易遗忘。为了帮助工作室成员记住这些零碎的知识，金涛将各个主要设备的工作原理、工作流程进行梳理，做成直观的三维立体结构图，又将各部位、各步骤对应的知识点都标了出来，分期发给大家学习。

金涛第一次去德国学习的时候就吃了不懂德语的大亏，这么多年过去了，现在轮到自己当"老师"了，许多设备资料还是德语的。虽然现在和当时不一样，社会上有大量的翻译公司，电子词典使用起来也很方便，但作为技术人员，总不能操作设备操作到一半说，我去查个字典马上就来，这也太不像话了。于是，他一边督促学员们学德语，一边自己动手翻译。他将自动化设备中输入输出的4096个德语单词（词组）都翻译出来，贴在设备周围，加深大家的印象。金涛又和工厂里的德语翻译一起，花了一个多星期时间将新标准中90多个新模块的程序功能也翻译过来，方便成员们进一步理解程序。

⊙ 金涛把自动化设备中输入输出的德语单词都贴在设备周围

除此之外，为了把大家书本上学到的知识转化为实际操作技能，金涛会挑选其中较为简单的程序和设备，只讲其中最关键的原理部分，剩下的按照难易程度分给学员自学。他会要求学员们先自行理解消化，尽可能将被动接受转化为主动吸收。事实证明，这样授课和自学相结合的方法真是事半功倍，大家既能够认真准备自己那一部分，也会认真聆听其他人的分享，为下一次讲课做准备。毕竟万一讲不好，可是在几百人面前丢面子。

担心大家会出现眼高手低的情况，金涛向上级申请，筹集了许多闲置或老旧的设备和备用零件，组成一个技能练习的操作台，让大家在学习理论知识之余多练练手。他告诉大家，以后能在操作台上解决的问题，就不必再问了，问问题的时候也要拿着实验数据来请教。金涛详细制定了操作台的使用时间和使用方法，担心新成员操作不当出现意外，他还安排了徒弟值班，既是监督，也是一对一指导。

金涛还为工作室成员编写了专门的培训教材，将一些有特点、有代表性的案例——小到设备里一个零件的保养，要多长时间、用什么材料，大到一次重大故障，哪里出了问题、应该怎么维修，问题分析过程和解决措施——都记录在上面。

在技术创新方面，他把主要精力放在生产环节上。金涛带领工作室成员花费数年时间，尽量替换掉设备中的特殊工具，改用通用工具，为设备维修制定标准流程。这样一来，如果设备出现问题，可以第一时间找到替换零件，最大程度降低风险，把损失

⊙ 2015年12月，金涛（左三）在劳模创新工作室做经验交流

减到最小。

设备的保养、维修在金涛的工作中占非常大的比重，需要大量时间，否则停产的每一秒都是损失。以奥迪A6L车型为例，停产120秒就会损失一台车。他指导团队成员，将奥迪C8项目原本24小时的维修时间，缩短到12个小时，再缩短到8小时，这样，就不需要有人彻夜不眠守在设备旁边了。

老话说得好，三个臭皮匠顶个诸葛亮。金涛深知一人的智慧始终是有限的，因此每当遇到难以攻克的技术难关，他总是习惯召集工作室所有成员一起研究、讨论。所以在焊装车间，一个几百人规模的技术研讨会是很常见的。车间没有那么大的会议室，金涛就和大家一起席地而坐，共同探讨难题。

例如有成员提出，部分车型的零部件一直采用手动生产，易受情绪、环境等因素影响，产品质量始终不稳定。金涛听说这件事后，立即召集大伙儿来开会，经过一番激烈讨论，他们最终采纳了一名年轻成员的建议——提高自动化程度。这次金涛没再插手，而是交给工作室成员自主解决。他们自己设计了一个新的自动化平台，用自动程序代替手工操作，提高质量稳定性，也可以有效避免手工操作时产生摩擦与磕碰。有了这个自动化平台，只需一人值守，负责开关设备即可，将原本两个人的工作量减少至一人，既提高了生产效率，也降低工人们的劳动强度。金涛看见他们的成果后感觉很是欣慰。

不达目的不放弃

金涛工作室创新能力极强，每年生产线的综合效率平均提高10%左右，他们擅长将不可能变成可能。

以奥迪C6项目为例，金涛领着自己的两个徒弟和工作室其他成员，用三年时间将奥迪C6的产能从最初规划的日产180台提高到240台。然而就在此时，他们却遇到了瓶颈，尽管金涛想尽办法，日产量也始终卡在240这个数字上再也不动。大家都觉得奥迪C6项目的改进之路已经走到尽头，想要再次提高产量大概只能在生产线数量上做文章了。

但是金涛不信这个邪，依旧每天带着小本本和两个徒弟来生产线旁定时"打卡"，他们观察设备运行的每个环节，记录每个动作需要用的时间，数据详细到以0.1秒作为计量单位。金涛要徒弟紧紧盯着员工们操作的每一个动作，试图从大家不同的操作习惯里找到最节省时间的办法。他们就这么一动不动盯着自己的"目标"，还时不时掏出本子写写画画，把女员工看得直脸红，把男员工盯得想打人，为此金涛可没少收到工友们的投诉。但是，他们依然执着于自己的工作，担心一遍看不清楚，或者有遗

⊙ 2017年11月，金涛（左一）在一汽-大众进行生产效率提升的改造

漏，他们把手机绑在旁边的围栏上，将有特色的操作过程都录下来，等下班后再带回去一遍遍分析。

周围同事担心他"走火入魔"，劝他差不多就行了，不要把自己逼得太狠。连徒弟们也被金涛的"固执"吓坏了，劝他说："这条线咱们已经改了三年，就算是海绵挤到这个程度也挤不出啥东西了，不如交给规划部门让他们对生产线重新规划改造吧。"金涛还是不愿意放弃，他觉得自己没有做到最好。虽然三年来他们陆陆续续做了很多改造，但总在一些细枝末节的边缘地带，而且这些改造既没有涉及到生产线核心区域的调整，也没有从全局层面整体分析过。要知道，即使每个环节只能找到0.1秒优化空间，那么加起来也是一个非常重大的突破了。

经过所有成员的不懈努力，他们从设备、工艺、自动化程序链接等许多方面都进行了改造，将原本的纯手动生产线升级为半自动生产线。金涛还为工人们重新制定了一份操作手册，最终将单车生产时间又缩短了整整23秒！

创新发展显生机

金涛所在的焊装一车间是典型的大车间，原有5000多名工人，2000多台机器人，以及20000多套设备。虽然随着企业生产自动化程度的连年提升，工人减少了近一半，但为了替代这些工人，机器人、设备的数量都在不断增加。人多，设备也多，加之设备设计使用寿命都比较长，技术年代跨度近15年。在工作室建立之初金涛就在思考，怎样才能让这么多人和设备都保持活力呢？他决定从工作室的主要功能入手。

金涛在培训工作室成员时，尤其注重实践经验的培养，反复向大家强调要用好车间里的操作台。他对骨干技术人员进行培训时，很少坐下来给他们上理论课，而更喜欢带着他们来到设备旁，一边操作一边讲解，他总说看着设备听比干巴巴地听印象要深刻许多。

为了适应实际需要，金涛还积极创新教学模式。金涛发现，由于每个人的技术水平不同、基础不同、学习能力不同，上百人的大课往往效果不佳，很多学员人到了，知识却没掌握。于是，他便开创了小班教学模式，以几个人、十几个人为单位组织教学活动，这样授课老师就可以关注到每个人的情况。若是老师没有时间，师哥师姐也是好老师，有不会的问题先问问师哥，这样大家也可以共同进步。老师不是万能的，老师也有不会的地方，尤其一些新设备、新技术总是没有年轻人学得快。金涛发现这个问题后提出师生相互教学的模式，既拉近了师生间的距离、消除隔阂感，也使每个人的能力都得到了提升。他还时不时抽查成员的功课，这种抽查从来不提前打招呼，要是谁答不上来，就罚他打扫一个星期办公室的卫生。别问为什么，玩的就是心跳。

⊙ 2016年6月，金涛（中排左四）与劳模创新工作室成员合影

金涛的工作室为一汽集团培养了大批人才，其中包括高级技工26人、技师45人、高级技师27人。为了让大家知道人外有人，天外有天，不要做井底之蛙，金涛带领成员广泛参加各类技术交流活动。小到工作室内部成员间的交流讨论，大到与全国乃至世界的同行们合作探讨，只要有机会金涛一定带他们去。工作室还承办了与德国工会的交流会、吉林省职工创新成果展览等一系列大型活动，这些活动也为一汽–大众在国际汽车制造行业赢得了极高的声誉。

俗话说，尺有所短，寸有所长。在某些方面，有些学员的能力比一些老师傅还要突出，但在另外一些方面则是零基础。为了针对不同学员的特点进行个性化教学，金涛努力了解工作室每位成员的长处和短板，有针对性地给他们安排工作和学习。每当有攻克新技术的任务，他总能以最快的速度确定牵头人并成立专项小组。

在新技术导入环节，他会帮助负责人制定好技术转化的方式方法，帮助他们搭建试验台、编制使用手册等，以最快的速度完成转化。在金涛的助力和大家的努力之下，工作室在短期内就实现了包括"铝激光焊接器应用与故障排除"等在内的新技术转化121项。

金涛劳模工作室深得车间领导和集团的信任，有什么难以攻关的项目集团首先想到的就是金涛和他的团队。仅2016年，工作室就承接了集团级攻关项目7项，2017年则达到了8项，这个数量

⊙ 2016年12月，金涛（左二）与长春汽车高等专科学校老师研讨产学研方案

在整个集团历史上都是极其罕见的。工作室开展技术攻关之所以如此顺利，离不开大家的集体智慧。每当有难题，金涛就把大家召集在一起，用团队的力量战胜困难。他们从工作效率、产品质量、安全性等多个方面进行攻关，在多个重大项目的进程中发挥重要作用，为一汽集团带来了极为可观的经济效益。工作室在2014年至2017年期间获得了中国机械工业科学技术奖4次，金涛个人获得长春市职工优秀创新成果奖。

工作室的新发展

多年来，金涛工作室所取得的成绩受到了社会各界的广泛关注，长春汽车高等专科学校等诸多学校都希望与工作室开展校企合作，有针对性地为一汽-大众培养人才。他们还希望能从工作室中选聘部分经验丰富的技工来学校进行指导，并希望金涛担任起长春汽车高等专科社团联合会指导教师的责任，让学校和一汽-大众在机器人应用、智能工厂建设等诸多方面展开合作。经过一段时间的协商，工作室在长春部分专科学校建设分站，并定期指派技术人员前去授课。

截至目前，工作室开发了不同领域的百余门课程，完成专业技术培训的人员达5 000多人，培养高级技师27人、技师72人、技

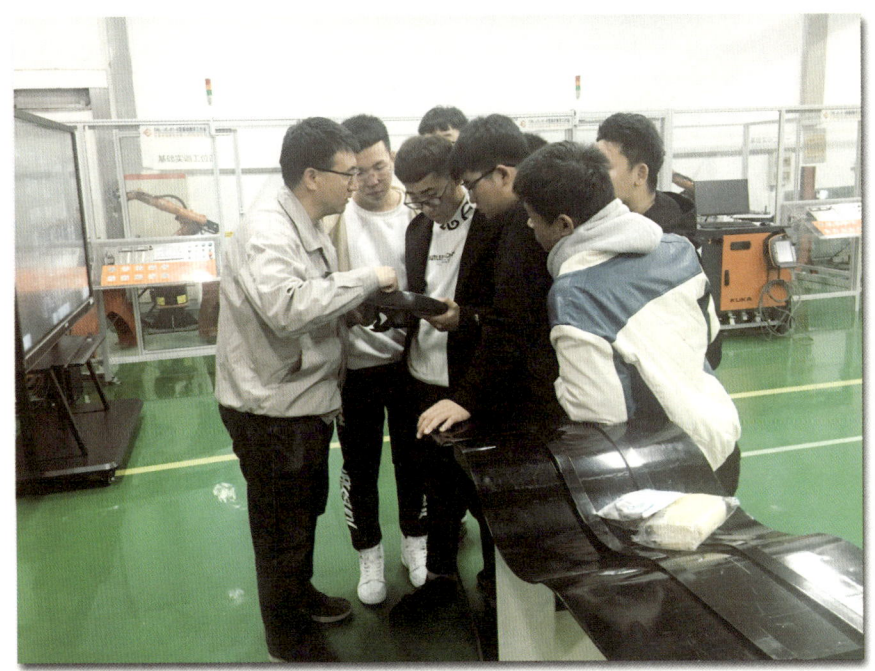

⊙ 2018年11月，金涛（左一）在长春汽车高等专科学校讲解机器人应用

术骨干500人，金涛因此被大家称为焊装车间的"班主任"，很多年轻的工人都以能够成为他的学生为荣。

焊装一车间面积很大，全走下来要一个多小时。为此金涛设计了一个主站配九个卫星站的运行模式，主站做大脑，负责项目的整体规划与任务分配；卫星站做四肢，负责某一个专项任务以及技术的更新。金涛将主站和卫星站建设进每一个厂房，来保证工作室有足够的技术力量覆盖到所有车型的生产线和工厂每个角落。这些站点每个都既有固定的骨干人员，又随着产品更新换代和技术发展吸收相关人员。现在站点的发展已经形成了工作室群，为公司高效开展攻关、创造规模效益发挥了积极作用。

多年来，"班主任"的工作室成就显著，在大数据应用、设备智能管理、车身连接新工艺等众多领域取得突破，获得了包括"中国机械工业科学技术奖"在内的一系列重量级奖项。金涛工作室手握4项专利，由原来小小的实验室发展成一个国家级工作室和三个集团级工作室。

2020年是极为特殊的一年，疫情给金涛和他的团队造成了不小的影响。此时正是新项目生产爬坡的阶段，而外省的新设备、技术人员进不来，国外的专家着急要走。在关键时刻，金涛带领团队顶了上去，尽管任务是艰巨的，但团队成员上下一心，以坚定不移的态度直面挑战。他们一手抓设备调试，一手抓设备保养，仅用一年的时间就将新设备吃透，把新技术完全掌握在自己手里，同时也使生产线提前进入到设备运行的阶段。

"后浪"与时间无关

2021年，工作室紧跟时代潮流，将工作重点放在数字化发展上，包括他们现在正在进行的耗能设备能源管理监控项目，以及工艺设备一体化参数管理项目等。在大数据时代，信息互通是非常有必要的，金涛正在尝试探索与其他工作室在技术和信息方面建立信息共享与交流机制，希望可以通过此种方式更多地与全国其他工作室交流，开阔视野，为还未解决的难题提供新的破题思路。这项合作的具体细节还在探讨之中，但参与其中的各方都对这次合作充满了信心。

前段时间徒弟给金涛看了央视发布的视频《后浪》，问他担不担心被自己超越，被自己这个"后浪""拍死"在沙滩上。金涛拍了他的脑袋一巴掌，没说话。

金涛喜欢这个视频，回家后又看了许多遍，其中他最欣赏的一句话是："有一天我终于发现，不只是我们在教你们如何生活，你们也在启发我们怎样去更好地生活。"正如金涛所说，他入行早，对于很多人来说是前辈、是"前浪"，但他从不担心自己被"后浪"超越，相反他喜欢与年轻人一起讨论，年轻的思维、跳

⊙ 2021年10月，金涛在吉林大学劳动关系学院给学生授课

跃的想法都会给他不一样的启发。其实真正"拍死"前浪的并不是后浪，而是以"前辈"的身份自以为是、不思进取。

"长江后浪推前浪，世上新人赶旧人。"那不是新的一代人对前辈们所取得成绩的漠视，而是现在的自己对曾经自己的战胜，只要不停下前进的步伐，任何人都可以一直自居为"后浪"。前浪也好，后浪也罢，向来与年龄无关，只关乎积极的心境与人生的态度。也许正是因为从不把自己当成"前浪"，永远不停下努力的脚步，金涛才能成为如今人人称颂的"大国工匠"吧！

第八章　金子在哪儿都发光

金涛的职业感悟

金涛从小就特别崇拜一汽工人，尤其是自己的爸爸妈妈，不管多大的设备、多复杂的线路，到了他们手里，都变得非常听话。他们的巧手，既可以做漂亮精致的小玩具，也可以修理短路的电视和冰箱。有一次老师在课堂上问小朋友们："你的梦想是什么呀？"大家都在思考，只有小金涛把手举得高高的，大声回答道："我希望以后成为像爸爸妈妈一样造汽车的人！"

长大后，他成功进入一汽集团，成了儿时最想成为的人。一汽并不是金涛梦的终点，而是新一段梦想之旅开始的地方。

工作22年，金涛参与了一汽集团十几个重大项目的建设，每款新车的问世都离不开他的努力。从项目前期准备，到新技术的研发，再到最后大量投产，每一步每一个环节，都困难重重。多年来，有欢笑、有泪水，有成功、有失败。要问他这么多年最大的收获是什么，他大概会回答：是动手的能力。

金涛所在的岗位一直和技术挂钩，而技术进步最重要的便是实践。实践出经验，实践出成果，只有自己真正动手去做了，才能了解一项技术的核心。实践得到的知识，光靠听别人说是听不

⊙ 1993年5月，金涛在汽车厂家属区和汽车合影

来的。金涛就是将亲身实践做到了极致。任何一项新技术、一台新设备，他都一定要动手试一试，金涛总和徒弟们说："下结论之前一定要自己实践一下，不然总觉得不放心。"

作为身在一线的技术工人，金涛永远行走在解决困难的路上。他最害怕的事情就是自己能力的增长赶不上技术发展的速度，如果真到了那个时候，等待他的只有被淘汰。所以每一个项目金涛都拼尽全力，他要赶上技术发展的速度，掌握技术发展的方向。虽然路途艰辛且没有尽头，但每当攻克一个难关后，心中的满足感是任何事情都比不了的。

谈及一汽集团，金涛总是充满感激，没有一汽就不会有他的今天。一汽为他提供平台，提供技术支持，而他回报一汽的是一个个新发明、一项项超额完成的任务。金涛和一汽共同进步！

由参赛者到裁判员

习近平总书记曾强调，要"完善职业教育和培训体系，深化产教融合、校企合作"。2019年出台的《国家职业教育改革实施方案》进一步明确了职业教育的重要地位和巨大作用，并指出"职业院校必须深化以实训为导向的课程体系改革、以技能为导向的教学体制改革、以就业为导向的实习模式改革，培养一大批专业型、技能型人才，努力让每个孩子都有人生出彩的机会"。

为了响应党和国家的号召，也为了锻炼学生们的技术水平，吉林省开始举办技能大赛的高等职业院校越来越多。曾经在技能大赛取得过无数好成绩的金涛，从20多年前的参赛者变成今天的指导老师、裁判。

其实相较于裁判，金涛更喜欢担任教练。他喜欢跟学生们打交道，与他们交流，传授给他们知识，对金涛来说都是极为开心的过程。在实际培训中，他不喜欢照本宣科地念书上的知识，也不喜欢讲一些大道理，他总说："理论知识应该是你们自主学习、自行掌握的内容，我教你们的都是书本上没有的，而且其他地方也学不到的，错过了就没有了。"

金涛将自己曾经犯过的错误和多年工作实践得来的经验，以故事的形式一一讲给同学们听。教他们怎样正确使用不同的工具来提高效率，怎样用最简单的方法完成操作。遇到不容易理解的知识点就把同学们带到实训室，一对一指导。

金涛的课程内容总是一半讲解、一半实践，他无数次向同学们强调实践的重要性。说到无法理解的地方也不解释第二遍，直接拉到设备旁自己做一遍就明白了。

有一次上课，金涛碰到了一位很特别的学生，他的理论成绩门门优秀，科科接近满分，但实践课几乎都不及格。理论和实践虽然不是完全一样，但也是相通的，反差如此之大的成绩很少会出现在同一个人的身上。金涛一见他的成绩单就明白，这名学生肯定不爱动手，不喜欢实践。详细了解后发现果真如此，他平时从不去实训室，上实践课也只是敷衍了事，更多的时候只站在旁边看。金涛询问原因，他支支吾吾半天才说明白，原来他小时候被机器夹过手，现在看到这种大型设备就害怕。知道原因后，金涛经常抽空到学校找他，手把手教他，帮助他一点点克服心里的恐惧。现在这名学生已经成为理论和实践都拿高分的学霸，他说毕业后一定要去一汽工作，还要拜金涛为师！

金涛经常在各大技能比赛中担任裁判，除了看对错、判成绩，他还会仔细观察选手们在操作中的不良习惯，在复盘的时候一一给他们指出来。

比赛中给机器人进行手动编程是一个很费时间的过程，需要将机器人的行动轨迹放到不同坐标系里编辑才能更精准。但走两步就换一个坐标系实在太麻烦，比赛时间紧迫加上操作不熟练，大多数选手都会选择不建立坐标系，直接编程。粗糙、不细致的后果就是机器人不再那么听指挥，尤其是涉及一些精细操作，机器人做的和设定的总有偏差。

发现这个问题以后，金涛先是把这种机器人从里到外研究明白，又创新了建立坐标系的途径，再把编程过程反复简化。最终发明了一种仅用建立几个坐标系就可以实现精准编程的新方法。下次上课时，他将新方法教授给学生，大大提高了他们的编程水平。金涛真正做到了"让老师变成师傅，把课堂变成车间，用老师的真本事培养学生的真本领"！

再小的事也要追求完美

作为党的十八大代表，金涛是吉林省代表团37名代表中最年轻的一位。2012年，他第一次走进人民大会堂，参加中国共产党第十八次全国代表大会。

说起入党，金涛常常会想起小时候的一段逸事。

金涛的爷爷奶奶、爸爸妈妈都是共产党员，也都获得过"优秀党员"的荣誉称号。他们经常指着党徽对年幼的金涛说："涛涛你看，我们家就你一个不是共产党员，要加油哦！"小金涛很不服气："我现在是优秀少先队员，长大以后肯定能成为比你们还厉害的共产党员！"

在爸爸妈妈的熏陶下，金涛从小就对"共产党员"这个称号有着不一样的情感，他觉得再没有比这更"酷"的称号。参加工作后，金涛早早递交了入党申请书，凭借自己的努力与较高的思想觉悟成为同批入厂职工中的第一名共产党员。而让金涛没想到的是，如今竟然作为党的十八大代表来到庄严的人民大会堂，亲耳聆听总书记的报告，这让他感慨万千。

会议结束后，他没有跟大家一起回长春，而是向公司请了四天假。这是金涛第一次因私人原因请假，他想在看一看北京城，瞧一瞧祖国的首都。

不到长城非好汉，会议结束后的第一天金涛先去游览了著名的八达岭长城。长城像一条巨龙蜿蜒盘旋在崇山峻岭之间，壮阔巍峨，让金涛的心也跟着开阔起来。他还去了景山公园，站在景山顶上向下望，整个故宫尽收眼底，一眼便是千年。最后一天，金涛彻夜未眠，早早便守在天安门广场观看升旗仪式。天安门广场庄严、雄伟，气派宏大的红墙琉璃瓦在霓虹灯的映照下更显流光溢彩。数十万人聚集在此，只为等候奏响国歌的两分零七秒。这样的盛况只有中国才会有，金涛的心中涌起一股难以言喻的自豪感。

2020年，金涛第三次来到北京，这次他被评为全国劳模，受邀参加全国劳动模范和先进工作者表彰大会。大会期间，金涛和全国各地其他劳模一起住在职工之家。在这里，他有机会结识各个领域的尖端人才，和他们交流。

并不是所有劳模和先进工作者都能上台接受党和国家领导人的颁奖，金涛作为其中的"幸运儿"深知机会的难能可贵。为了把新时代产业工人最光彩的一面展示给全国人民，会务组在上台前对他们进行了几天"特训"，包括上下台方向、拿证书的位置等。其中最重要的一项是关于奖章的佩戴。

2020年新设计的奖章使用的是铜镀金材质，通径从55毫米扩大到60毫米。奖章变大了，若是佩戴位置不正，观感就会大受影响。为了让奖章的位置最合适，让自己看起来更精神，金涛花了许多心思在上面。

他先是测量身体与奖章的比例，计算出牌面放在身体的哪个

⊙ 2020年11月，金涛在人民大会堂参加全国劳动模范和先进工作者表彰大会

位置最协调，连两条绶带之间的夹角应该是多少度金涛都经过精心设计。第一次彩排时，金涛佩戴奖章的位置就得到会务组的充分肯定，他们将金涛简化后的测量公式以及佩戴照片发到劳模群里，让大家学习、借鉴。虽然照片只拍了从脖子到胸前的一部分，并没有露脸，但他工装外套上"一汽–大众"的标志随着照片展示在全国的劳动模范和先进工作者面前。

每件小事都要追求完美，每个细节都可以做到极致，这是金涛的态度，也是他成功的原因。

在创新的路上永不停歇

"引进、消化、吸收、再创新"模式是发展中国家提升自主创新能力的重要途径之一。全国科技大会提出：在引进技术基础上的消化、吸收、再创新也是创新，要把对引进技术的消化、吸收、再创新，作为增强国家创新能力的重要方面。近年来，我国对引进技术的消化、吸收、再创新工作取得了重大进展，尤其是在汽车工业等方面。

新中国刚成立时，我们通过直接引进国外先进技术和设备，增加了技术积累，并由此开始了工业技术追赶之路。改革开放40多年来，我国与发达国家的技术差距越来越小。随着科技的进步和企业竞争压力的增强，传统的发展方式已经无法满足我们对创新的要求，朝着网络化、数字化、智能化方向发展才是新的出路。

当今时代技术发展实在太快，就以汽车的自动控制技术为例，每2至3年会有一次升级换代，8至10年就会有颠覆性提升。想要不被淘汰，金涛只能不断进步。2020年，金涛带领工作室成员尝试着将AI智能、大数据分析等技术应用到汽车生产的过程中，因为新技术没有人会，他们只能从最基础的内容开始学习。

刚开始的时候，每天学习的时间比工作时间还要长，没有老师只能一点点摸索，他们在思考中获得感悟、在实践中提高能力，从最基本的数据收集开始，一点点进步。有时一个项目的优化要花费半年时间，但金涛从不急躁，虽然效率不高，但他力求只要做了便一定要做到最好！

2021年，金涛将一汽-大众的数字化规划和焊装车间的日常工作结合起来，原本他们在工作中就有意识地开展了许多数字化项目，现在更是依据集团的整体规划总结了一些适用于生产一线的数字化项目。

集团领导非常重视金涛在焊装领域开展的项目，让他与工程部、质检部等其他部门的同事多多交流。在交流中，金涛清晰地认识到数字化对未来工业发展的重要性，对于现阶段集团数字化技术应用的目标、途径以及数字化人才培养，都有了更加深入的了解。回去后，针对焊装车间数字化的优势，金涛重新分派任务，下发指令，争取在短时间内将生产过程中的数据价值转换成经济价值、产品价值。

金涛积极践行"引进、消化、吸收、再创新"的模式，通过不断创新提升效能，实现了从单纯引进到自主创新的飞跃！

功不唐捐，玉汝于成！在20多年的时间里，金涛由一名初出茅庐的学徒工成长为掌握先进汽车制造技术的大国工匠，与此同时，中国汽车工业也经历了从引进、模仿、改装到自主研发的飞跃。可以说，金涛既是中国经济20年来快速崛起的见证者、亲历者，更是中国尖端工业技术迅猛发展的参与者、奋斗者！今日的中国正因为有无数个像金涛一样奋斗在科研生产第一线的无私奉献的儿女，我们的祖国才一天比一天强大，人民群众的生活才一天比一天幸福，拥有着五千年悠久文明的中华民族才能在今天这个纷繁复杂的时代里，昂首阔步地迈向伟大复兴！